Ullstein

ÜBER DAS BUCH:

»Ein kabarettistisch-vergnügtes Büchlein von Carlo Manzoni. Es sind ›kuriose Geschichten‹ über den Zeitgenossen Veneranda, vom Verfasser verspielt-grotesk illustriert. Der Inhalt? Verrückte Geschichten, höherer Unsinn auf der Ebene von Morgenstern – jenseits von Logik, Vernunft. Der rechte Lesestoff für geistig Anspruchsvolle, die Sinn für höheren Blödsinn haben. Etwa das, was man heute anspruchsvoll als ›surrealistisch‹ bezeichnet.« *(Kasseler Zeitung)*

DER AUTOR:

Carlo Manzoni, am 28. März 1909 in Gargnano/Garda geboren, studierte Medizin, dann Architektur und Zeichnen, nahm als Maler an der Bewegung des Futurismus teil. 1936 begann er zu schreiben, zunächst für Zeitungen und Zeitschriften, später auch für Theater und Fernsehen. Berühmt aber wurde er vor allem durch seine Kriminalparodien. Carlo Manzoni starb am 15. Mai 1975.

Carlo Manzoni
Da stimmt was nicht

Supergeschichten

Mit 24 Zeichnungen
des Autors

Ullstein

ein Ullstein Buch
Nr. 23326
im Verlag Ullstein GmbH,
Frankfurt/M – Berlin
Aus dem Italienischen
übertragen von Raimund
Mayer-Rosa und Johannes Piron

Ungekürzte Ausgabe

Umschlagentwurf:
Brian Bagnall

Taschenbuchausgabe mit
freundlicher Genehmigung der
F. A. Herbig Verlagsbuchhandlung
GmbH, München

Printed in Germany 1994
Gesamtherstellung:
Ebner Ulm
ISBN 3 548 23326 0

Mai 1994
Gedruckt auf alterungs-
beständigem Papier mit
chlorfrei gebleichtem Zellstoff

Vom selben Autor
in der Reihe
der Ullstein Bücher:

Haust du mich – hau ich dich (22310)
Der Finger im Revolverlauf (22701)
Ein Schlag auf den Schädel, und du bist eine Schönheit (22706)
Der tiefgekühlte Mittelstürmer (22777)
Blut ist kein Nagellack (22848)
Der Hund trug keine Socken (22904)
Kein Whisky unter Wasser (23006)
Jetzt regnet's Ohrfeigen (23050)
Das MG im Dekolleté (23184)

Die Deutsche Bibliothek –
CIP-Einheitsaufnahme

Manzoni, Carlo:
Da stimmt was nicht: Supergeschichten /
Carlo Manzoni. Mit Zeichn. des Autors.
[Aus dem Ital. übertr. von Raimund
Mayer-Rosa und Johannes Piron]. –
Ungekürzte Ausg. – Frankfurt/M; Berlin:
Ullstein, 1994
(Ullstein-Buch; Nr. 23326)
ISBN 3-548-23326-0
NE: GT

Inhalt

Gesellschaftsspiele

Gesellschaftsspiele

Ungefähr zwanzig Personen waren an jenem Abend im Hause von Domingo Donez de Dentiz versammelt. Ich sage »ungefähr«, denn die Gäste kamen und gingen, so daß ihre Zahl ständig wechselte. Einmal waren es achtzehn, einmal dreiundzwanzig und einmal sogar vierzig. Die Donez de Dentiz waren eine sehr gastfreie Familie, und wenn sie ihre Freunde einluden, wünschten sie, daß auch die Freunde ihrer Freunde am Fest teilnahmen. Und so kam alle Augenblicke jemand hinzu und stellte sich lächelnd vor. Es war der Freund eines Freundes oder nur der Freund des Freundes eines Freundes.

So vergrößerte sich die Gesellschaft in zunehmendem Maße. Die Getränke ließen die Zahl der Gäste doppelt, ja dreifach erscheinen. Und alle Augenblicke stellte sich jemand vor.

»Esimio Bidodici.«

»Sehr angenehm.«

»Ramirez Biancafalda.«

»Sehr erfreut. Dort ist die Bar. Möchten Sie Whisky oder lieber Tinte?«

»Danke, nur einen Mineralwasser-Cocktail.«

Adelaide Fastidio bediente das Grammophon,

und im »Saal der Klöpse« tanzten die Paare pausenlos.

Wie oft wurde an der Haustür geschellt? Dreißig-, vielleicht vierzigmal. Keiner erinnert sich daran. Wie viele Personen kamen an jenem Abend, und wer waren sie? Keiner weiß es mehr. Neue Leute, unbekannte Gesichter. Um Mitternacht ging der reichliche Flaschenvorrat der Bar zur Neige.

Wie hieß doch jener ältere Herr mit den weißen Haaren und dem gezwirbelten Schnurrbart? Der mit den kleinen kohlschwarzen Augen und dem blassen Gesicht?

Keinem fällt es mehr ein. Aber alle erinnern sich genau an seine Anwesenheit. Wann war er gekommen? Keiner weiß es. Wessen Freund war er? Wer hatte ihn in das Haus von Domingo Donez de Dentiz eingeladen?

Alles Fragen ohne Antwort.

Und doch kann sich jeder seiner gut entsinnen. Jedem haftet sein Bild noch klar im Gedächtnis, jeden hat sein stechender Blick getroffen.

Herzlich, heiter, ausgelassen wie alle Gäste. Auch er trank wie die anderen, und selbst die stärksten Getränke konnten ihm nichts anhaben. Er aß die schärfsten Paprikaschoten, ohne daß ihm Tränen in die Augen traten. Das fiel auf, und viele machten scherzhafte Bemerkungen über diese seine außerordentliche Fähigkeit. Jemand meinte sogar, der Herr könne Federmesser und Rasierklingen ebenso ruhig herunterschlucken wie ein gewöhnlicher Sterblicher Mayonnaise.

Dann fing der Buchhalter Bassopiano mit Gesellschaftsspielen an. Er war auf diesem Gebiet ein Spezialist, und alle Leute luden ihn eben wegen dieses Talentes zu ihren Festen ein. Der Buchhalter Bassopiano setzte die Gäste immer in Erstaunen. Er konnte Dinge wie kein anderer.

Domingo Donez de Dentiz hatte den Buchhalter gebeten, doch eines seiner Kunststücke zum besten zu geben. Alle klatschten begeistert Beifall. Der Buchhalter zierte sich erst, wie er es immer zu tun pflegte, gab dann aber dem allgemeinen Drängen nach.

Er wickelte eine Münze in sein Taschentuch und ließ sie verschwinden. Dann fand er sie im Ohr von Mathilde Fustagno wieder.

»Bravo«, lobte Mathilde Fustagno. »Aber ich möchte noch mehr Münzen in meinem Ohr finden. Ganz viele – nicht nur eine.«

»Bedaure«, sagte der Buchhalter Bassopiano, »eine war verschwunden, eine fand ich wieder. Mehr kann ich nicht tun.«

In diesem Augenblick trat der Herr mit den schwarzen Augen und den weißen Haaren zu Mathilde Fustagno, hielt beide Hände wie eine Schale unter das Ohr der jungen Dame und fing darin einen wahren Regen von Goldstücken auf.

»Bitte«, sagte er und überreichte ihr die Münzen. »Sind Sie nun zufrieden?«

Mathilde Fustagno schaute ihn verblüfft an. Der Buchhalter Bassopiano riß die Augen auf, und alle Gäste blickten ungläubig drein.

Der Herr mit den schwarzen Augen lächelte und verbeugte sich.

»Ein kleiner Taschenspielertrick«, sagte er, »klein und bescheiden. Nichts Besonderes.«

Mathilde Fustagno ließ die Münzen hastig in ihrer Handtasche verschwinden.

»Ich möchte nicht, daß Sie sie mir wieder wegzaubern«, sagte sie.

»Keine Angst«, sagte der Schwarzäugige, »niemand wird daran rühren.«

»Sie sind fabelhaft«, sagte der Buchhalter Bassopiano, »gegen Sie bin ich nur ein Stümper. Bitte, machen Sie uns doch noch ein Kunststück vor!«

»Wirklich –« stammelte der Schwarzäugige, »ich wage es nicht. Mir scheint, Sie gelten hier als Berühmtheit. Alle erwarten von Ihnen etwas Besonderes, nicht von mir.«

»Mir wird das nie gelingen, was Sie bei Fräulein Fustagno vollbracht haben«, sagte der Buchhalter Bassopiano.

»Warum versuchen Sie's nicht?« fragte Domingo Donez de Dentiz.

Der Buchhalter Bassopiano zuckte die Achseln und hielt die Hände wie eine Schale unter Mathilde Fustagnos Ohr. Doch nichts fiel heraus.

»Ich habe es ja gleich gesagt!« sagte der Buchhalter Bassopiano enttäuscht.

»Nur nicht den Mut verlieren!« sagte der Schwarzäugige. »Mit etwas gutem Willen wird es Ihnen auch gelingen. Warten Sie!«

Er zog ein großes weißes Taschentuch hervor, entfaltete es und verdeckte damit Bassopianos Hände und Mathildes Ohr.

Da blickte der Buchhalter verdutzt um sich, und alle begriffen, daß seine Hände sich mit etwas füllten. Der Schwarzäugige hob das Taschentuch, und der Buchhalter zeigte den Anwesenden seine Hände voller Goldstücke.

»Phantastisch«, sagte Mathilde Fustagno und griff nach ihrer Handtasche. »Ich weiß nicht, wie ich Ihnen danken soll.«

»Nicht doch«, wehrte der Buchhalter Bassopiano ab, »ich habe nichts damit zu tun, sondern der Herr dort.« Mit einer Kopfbewegung bezeichnete er den Schwarzäugigen, und der Schwarzäugige lächelte.

»Es gehört nicht viel dazu«, sagte er. »Wenn die Herrschaften gestatten, werde ich noch ein anderes Kunststückchen vorführen.«

Alle klatschten glücklich und zufrieden Beifall.

Die Grammophonmusik verstummte, und die Gäste im anderen Saal hörten zu tanzen auf.

Alle eilten in den Salon. Wie viele waren dort? Vielleicht vierzig, vielleicht fünfzig.

Es war ein ständiges Kommen und Gehen. Freunde der Freunde von Domingo Donez de Dentiz' Freunden. Und außerdem ließen die Getränke die Zahl der Gäste doppelt, ja dreifach erscheinen. Aber an den Schwarzäugigen erinnern sich alle, wenn auch keiner ihn je zuvor gesehen hatte. Alle erinnern sich an das, was er getan hat.

Die Ausgelassenheit hatte ihren Höhepunkt erreicht, als der Schwarzäugige Domingo Donez de Dentiz hinter einem Tischtuch verbarg. Er zählte bis drei und riß dann rasch das Tuch weg.

Domingo Donez de Dentiz hatte sich verjüngt – mindestens um zwanzig Jahre. Er war nicht mehr der ältere Herr mit den grauen Schläfen und den etwas gebeugten Schultern, sondern ein hochgewachsener, schlanker junger Mann mit glänzend schwarzem Haar und elegant gestutztem Schnurrbart. Genau wie auf dem Bild über dem Kamin, dem Bild des dreißigjährigen lebensprühenden Domingo Donez de Dentiz, und er hatte genauso das Jagdgewehr geschultert, und zu seinen Füßen lag die noch leere Jagdtasche.

Der Beifall war ohrenbetäubend.

Domingo Donez de Dentiz warf sich stolz in die wieder jugendliche Brust.

»Phantastisch!« rief er. »Unglaublich! Ein wunderbares Gesellschaftsspiel! Ich bin tatsächlich wieder jung.«

Er betrachtete sich im Spiegel, strich sich über die Haare, seufzte tief.

»Ich fühle mich genau wie vor zwanzig Jahren«, sagte er. »Ihr Spiel hat mir ausgezeichnet gefallen.«

Der Schwarzäugige lächelte bescheiden.

»Spielereien«, sagte er.

Die Gäste starrten sprachlos den Hausherrn an.

Da fiel Domingo Donez de Dentiz' Blick auf seinen Anzug. Er bat die Gäste um Entschuldigung.

»Ich werde mich umziehen«, sagte er, »es gehört sich nicht, daß ich meine Gäste im Jagdanzug empfange.«

Er legte das Gewehr ab und ging hinaus. Alle scharten sich neugierig um den Schwarzäugigen.

»Wie haben Sie das gemacht?« fragte der Buchhalter Bassopiano, der sich die Sache nicht erklären konnte. »Können Sie mir dieses Kunststück nicht auch beibringen?«

»Es ist nicht leicht«, sagte der Schwarzäugige.

»Und doch muß es ein Trick sein«, sagte jemand.

In diesem Augenblick kam Domingo Donez de Dentiz wieder in den Salon, ziemlich aufgeregt, in Hemdsärmeln und seine Hose mit beiden Händen festhaltend.

»Der Smoking ist mir viel zu weit«, sagte er verzweifelt, »er paßt mir nicht mehr.«

»Eins, zwei, drei«, sagte der Schwarzäugige und machte eine Handbewegung. »Jetzt ist es in Ordnung.«

Domingo Donez de Dentiz ging hinaus und kehrte bald darauf zurück. Sein Abendanzug saß wie angegossen.

»Wenn es den Herrschaften beliebt, fahre ich fort«, sagte der Schwarzäugige.

Alle umdrängten ihn nun, doch er verstand es,

sich mit den Händen Platz zu verschaffen. Er schaute zu Esmeralda Adrianopolis de Guantis hinüber, einer alten adligen Dame, die in der ganzen Gegend wegen ihrer strengen Moral bekannt war. Sie rühmte sich, unter ihren Ahnen einen königlichen Minister, einen Kardinal und zwei Kreuzritter zu haben. Die alte Dame saß steif in ihrem Sessel, beobachtete seit Beginn des Festes das ausgelassene Treiben und schüttelte immer wieder mit gewohnter Herablassung den Kopf, zum Zeichen, daß sie das Benehmen der modernen Jugend mißbilligte. Nur hie und da erhob sie sich und begab sich zur Bar. Jemand hatte gesehen, wie sie verstohlen einmal ein Gläschen Wodka leerte, das andere Mal einen Cinzano trank.

Der Schwarzäugige hob das Tischtuch und entzog die alte Dame den Blicken der Anwesenden.

»Eins, zwei, drei«, sagte er schnell und warf das Tuch fort.

Ein allgemeiner Aufschrei maßlosen Erstaunens: Die alte Dame war plötzlich wieder jung. Sie saß nicht mehr steif und kerzengerade im Sessel, sondern balancierte auf seiner Rückenlehne. Sie trug ein kurzes Ballettröckchen aus Tüll, das zwei vollendet schöne Beine in schwarzen Strümpfen unbedeckt ließ. In der rechten Hand hielt sie ein aufgespanntes blaues Schirmchen, und mit der linken teilte sie Küsse nach allen Seiten aus.

Rasch und behende sprang Donna Esmeralda Adrianopolis de Guantis von der Sessellehne her-

unter, machte das Schirmchen zu und errötete heftig, als sie um sich blickte.

Sie war um dreißig Jahre verjüngt und wieder in das zurückverwandelt worden, was sie vor dreißig Jahren gewesen war: eine einfache Varietétänzerin.

»Ich weiß nicht, ob ich mich freuen oder schämen soll«, stammelte sie verwirrt. »Einerseits freut es mich, daß Sie mich wieder verjüngt haben, aber andererseits . . . mein Ansehen . . . wie stehe ich da!«

»Phänomenal!« rief der Buchhalter Bassopiano. »Mir wäre ein solches Kunststück nie gelungen!«

»Nicht der Rede wert«, lächelte der Schwarzäugige.

Erst da begannen sich die Leute zu fragen, woher er kam, wer er war und wie er hieß.

Aber keiner wußte eine Antwort. Keiner hatte ihn je zuvor gesehen. Keiner wußte, wann und wie er hereingekommen war.

In bester Laune machte Domingo Donez de Dentiz den jungen Damen den Hof, während Donna Esmeralda versuchte, Haltung zu bewahren. Sie warf ihren Pelz um die Schultern und bemühte sich, ihre schönen schwarzbestrumpften Beine zu bedecken.

Mathilde Fustagno hielt dem Schwarzäugigen immer noch ihr Ohr hin, und weitere Goldstücke gesellten sich zu den anderen in ihrer Handtasche.

Um vier Uhr morgens zeigte der Schwarzäugige immer noch sein freundliches Lächeln, und die ob des wunderbaren Abends glücklichen und zufriedenen Gäste dachten daran, sich zu verabschieden.

Die einen hatten eine prallgefüllte Brieftasche, andere ein Auto vor der Tür und wieder andere ein Landhaus. Der Schwarzäugige hatte unablässig gearbeitet und bereitwillig allen Bitten der von seiner außergewöhnlichen Kunst begeisterten Gäste entsprochen.

»Jetzt ist's genug«, sagte er schließlich, »ich glaube, daß ich die Wünsche aller Anwesenden erfüllt habe. Oder möchte jemand noch irgend etwas?«

»Eine Ölquelle«, sagte der Buchhalter Bassopiano, »ganz für mich allein.«

Ein letztes Mal willigte der Schwarzäugige ein. Er führte den Buchhalter ans Fenster und deutete zum Horizont. Hinter den Dächern der Häuser ragte die Spitze eines Bohrturmes empor, und darauf leuchtete in Neonschrift: *Bassopiano-Petroleum.*

»Und jetzt«, sagte der Schwarzäugige, die Hand ausstreckend, »darf ich um Ihre Seele bitten.«

Alle schauten ihn entgeistert an.

»Ja«, wiederholte der Schwarzäugige, »Ihre Seele. Jeder arbeitet für etwas. Ich natürlich auch. Ich habe Ihnen alles verschafft, was Sie sich wünschten. Jetzt heißt es bezahlen!«

»Die Seele?« riefen die Gäste schaudernd.

Der Schwarzäugige schaute sich um und wartete mit ausgestreckter Hand. Keiner rührte sich, keiner sagte ein Wort.

»Keiner?« fragte der Schwarzäugige. »Also war alles nur ein Scherz.«

Er machte eine Bewegung mit der rechten Hand, verbeugte sich, schritt zur Tür und verschwand.

Der Buchhalter Bassopiano stürzte ans Fenster. Der Bohrturm mit der Aufschrift *»Bassopiano-Petroleum«* war verschwunden.

Mathilde Fustagno kramte in ihrer Handtasche: sie war leer.

Zerronnen waren Villen und Autos.

Peinlich berührt und ernüchtert gingen die Gäste nach Hause. Domingo Donez de Dentiz verabschiedete sie auf der Schwelle. Er war wieder alt geworden und hatte graue Schläfen und gebeugte Schultern wie zuvor. Er fühlte sich unbehaglich in dem zu engen Abendanzug, und der Hemdkragen schnürte ihm die Kehle zu.

Donna Adrianopolis de Guantis saß steif und kerzengerade in ihrem Sessel und hatte noch das kurze Röckchen von vor dreißig Jahren an. Ihre dürren Beine steckten in schwarzen Strümpfen.

Schamroten Gesichtes sah sie den letzten Gast den Salon verlassen. Dann zerbrach sie wütend das blaue Sonnenschirmchen.

»Lächerliche Gesellschaftsspiele«, sagte sie.

Der Radrennfahrer

Er war ein großer Radrennfahrer gewesen.

Ich sage groß, aber nicht im heutigen Sinne. Das heißt keiner, der immer Erster war und alle anderen schlug, sondern auf ganz andere Weise. Trotzdem war er groß, allerdings nicht, weil er von Gestalt groß war, er war sogar ausgesprochen klein, sondern er war groß in dem Sinne, daß er an allen Rennen teilnahm, daß er immer anwesend war, und ich will damit sagen, auch dann, wenn er keine Hoffnung hatte zu gewinnen, ich meine nicht einmal das ganze Rennen, sondern nur irgendeine Prämie.

Er fuhr Rennen um des Rennens willen, und damit basta. Denn es gefiel ihm, Rennen zu fahren. Vor allem gefiel ihm zum Beispiel der Start, und er sprach oft über den Start. Er sei das Beste am ganzen Rennen. Er hätte alles für einen Start gegeben, und auch jetzt noch, da er alt ist, erinnert er sich sehnsüchtig daran.

Beim Start war er immer der erste, und auch das war keineswegs einfach. Erster bei allen Starts zu sein ist nicht jedem gegeben. Die großen Radrennmeister etwa sind nie die ersten beim Start, und es ist unverständlich, warum die Leute nicht mehr Wert darauf legen. Sie sind als erste am Ziel, und wenn ich recht verstehe, gilt ihr Interesse ausschließlich dem. Dabei sind alle Meister fähig, als erste das Ziel zu erreichen. Jedem übrigens sein Spezialgebiet, und man muß den Spitzenfahrern das ihrige einräumen. Der eine spezialisiert sich auf den Endspurt, der andere auf die Abfahrt, der eine auf die Straße, der andere auf die Bahn.

Bino Ribelli spezialisierte sich auf den Start.

Wenn er darüber reden kann, ist er glücklich. Seine Augen leuchten, und er lächelt. Dann erzählt er ausführlich, was er in seiner langen Karriere als Radrennfahrer erlebt hat.

Er besitzt ein Album voller Photographien. Da ist er mit diesem oder jenem Meister abgebildet, und sogar die richtigen Meister der Meister legen eine Hand auf seine Schulter und lächeln.

Fast alle Großen des Radsports haben ihm die Hand auf die Schulter gelegt, und einer von ihnen hat sich sogar einmal bei ihm eingehakt und ihn um eine Gefälligkeit gebeten. Um eine Kleinigkeit, etwa ihm den Fahrradschlauch zu halten oder ihm die Feldflasche zu reichen.

Bino Ribelli hat ein kleines Haus und lebt dort mit seinen Erinnerungen.

Ich bin eines Tages bei ihm gewesen und habe gesehen, daß sein Häuschen mit Photographien von Straßen, Rennen, Rennfahrern und Startbändern tapeziert ist. Auch unscharfe sind darunter und einige alte, zerrissene.

An jenem Tage lebte er in einer fernen Erinnerung, aber er weigerte sich, mir zu sagen, um welche es sich handelte. Seine persönliche Angelegenheit, die er für sich behielt.

Wir alle haben so etwas. Hie und da kommen uns

Gedanken, die wir keinem anderen anvertrauen wollen. Es sind intime Dinge, die uns gehören und die wir für uns behalten.

Wir tun gut daran, sie für uns zu behalten. Wir haben das Recht dazu, oder etwa nicht?

Ich bat ihn an jenem Tage, mir etwas zu erzählen, was er sagen könnte, kurzum, eines seiner Abenteuer oder wenigstens, wie er angefangen habe oder wieso er je auf die Idee gekommen sei, immer als erster am Start zu sein.

»Es war kein ausgeklügelter Plan«, sagte Bino Ribelli, »ich hatte plötzlich eines Tages den Einfall und setzte ihn sogleich in die Tat um. In den ersten Jahren meiner langen Karriere war es mir nie gelungen, das Zielband zu sehen.«

»Immer aufgegeben?« fragte ich.

»Nein«, sagte er, »immer vom Wege abgekommen. Wir starteten in der Gruppe, und ich strampelte hinter den Schultern meiner Renngefährten her. Dann konnte ich das Tempo nicht mehr mithalten und war gezwungen, langsamer zu fahren. Nach einer Weile sah ich nicht einmal mehr die Rücken meiner Gefährten, strampelte aber doch weiter. Bei der ersten Kreuzung schlug ich den falschen Weg ein. Ich erinnere mich an Tage, da ich mich auf diese Art und Weise alleine fand, meine ganze Kraft zusammenraffte und heftig strampelte, um die anderen einzuholen. Ich nahm mir vor, erst dann das Tempo zu verringern, wenn ich die Rükken der Rennfahrer sehen würde. Da ich aber den falschen Weg eingeschlagen hatte, war es völlig unmöglich, die Rücken der Rennfahrer vor mir zu sehen. Ich strampelte den ganzen Tag, und ich kann Ihnen versichern, ich fuhr so schnell, daß ich, wäre ich auf der richtigen Straße gewesen, das Rennen gewonnen hätte. Wie oft ist mir das passiert! Ich wäre ganz bestimmt als erster angekommen. Damals war ich jung. Abends befand ich mich in irgendeiner Stadt, vielleicht sogar in der genau entgegengesetzten Richtung von der, wo das Ziel war, und las die Resultate des Rennens, an dem ich teilgenommen hatte.«

»Ich verstehe«, sagte ich.

»So entschloß ich mich«, sagte Bino Ribelli, »mich ans Startband zu halten. Es war das einzige Band, dessen ich sicher sein konnte. So kam es, daß ich die Anfangsgeschwindigkeit forcierte und dann in der Gruppe blieb. Denn eigentlich bin ich durch das Rennenfahren Rennfahrer geworden. Ich blieb zurück, aber nicht so weit, daß ich mich in der Straße geirrt hätte.«

»Sind Sie denn nie Erster geworden?« fragte ich.

»Einmal«, sagte er, aber er sagte es schaudernd, und da er dadurch meine Neugier geweckt hatte, bat ich ihn zu erzählen, wie es dazu gekommen sei.

»Es geschah bei einem Zweihundert-Kilometer-Rennen«, sagte er, »und wir waren neunundfünfzig Rennfahrer. Darunter die Meister der Meister, die immer auf der ersten Seite der Zeitungen stehen. Alle hatten mir geraten, das Rennen zu fahren, aber das Ziel war mir gleichgültig, wichtig war mir nur der Start, und damit basta. Wie gewöhnlich. Da war nun ein Kollege von mir, ein unglücklicher Rennfahrer, der unter seinem Mißerfolg litt. Auch er nahm an allen Rennen teil, kam aber nie unter den ersten vierzig an. Er weinte und verzweifelte. Er versuchte alle Mittel, um wenigstens einmal zu gewinnen. Nicht mehr, nur ein einziges Mal, und dann Schluß. Wenn er ein einziges Mal gewonnen hätte, würde er sich von der Rennfahrerkarriere zurückgezogen haben.

Sein alter Vater wollte nicht, daß er Rennen fuhr, und bat ihn, damit aufzuhören. Aber nichts zu machen.

›Laß mich ein einziges Mal gewinnen‹, sagte er, ›dann höre ich auf. Das schwöre ich dir.‹

Der alte Vater litt jedesmal, wenn ein Rennen stattfand, und betete zu Gott, daß sein Sohn gewinnen möge, weil er dann damit aufgehört hätte. Doch nichts zu machen. Eines Tages starb der alte Vater von Cardo Baldacchio. Cardo Baldacchio fuhr weiter Rennen und fand sich also auch zu diesem berühmten Rennen ein. Ich erinnere mich daran, als wäre es heute, und es überläuft mich kalt. Wie gewöhnlich war ich als erster am Startband, und als Cardo kam, begrüßte ich ihn herzlich.

›Diesmal will ich gewinnen‹, sagte der Arme, ›um jeden Preis. Dann fahre ich keine Rennen mehr.‹

Ich sagte, ich wolle mein möglichstes tun, um ihm zu helfen. Vielleicht könnte ich ihm im richtigen Augenblick einen kleinen Stoß geben, vielleicht ihm mein Rad überlassen. Natürlich müßte es mir gelingen, sein Tempo mitzuhalten.

Wir starteten. Er hatte die Nummer Siebzehn. Er startete ruhig, aber entschlossen, und ich heftete mich an seine Fersen. Sie wissen ja, wie so ein Rennen vor sich geht. Die Gruppe bildet sich um, einer rast voraus, einer bleibt zurück, und man verliert sich aus der Sicht. So verlor ich ihn eine Weile aus der Sicht, fand ihn dann aber wieder neben mir. Ich sah, daß es ihm gutging und daß er Anstalten machte, die anderen hinter sich zu lassen. Also machte ich auch Anstalten, ihm zu folgen. Da entstand wieder einige Verwirrung. Ich übernahm die Spitze mit der Absicht, auf ihn zu warten und mich an sein Hinterrad zu heften, wenn er mich überholte, um ihm zu helfen. Alles bestens. Ich strampelte eine halbe Stunde ziemlich forsch und zog alle hinter mir her, die Meister und ihre Helfer. Ich führte mit hübschem Tempo, wußte aber, daß alle mich an einem gewissen Punkt wie gewöhnlich überholen würden. Diesmal jedoch wollte ich Widerstand leisten, um Cardo zu helfen.

Nach einer Weile hebe ich den Kopf und betrachte die Straße vor mir. Auf der freien Straße erblicke ich einen Einzelfahrer, der ein Trikot mit Cardos Farben trägt. Die Nummer kann ich nicht gut erkennen, weil ich noch zu weit entfernt bin, aber es sind seine Farben. Da sehe ich, daß er mir ein Zeichen macht und etwas langsamer fährt. Ich

stemme mich daraufhin in die Pedale und bin ihm bald auf den Fersen. Er ist es wirklich, denn auf dem Rücken trägt er die Nummer Siebzehn. Er fährt schnell, beugt sich über die Lenkstange und dreht sich nicht mehr um. Ich versuche, neben ihn zu gelangen, um ihn zu fragen, wie er es fertiggebracht habe, alle abzuhängen, ohne daß ich ihn vorbeifahren sah. Aber es gelingt mir nicht: stets fährt er schneller als ich. Ich bleibe hinter ihm, er nimmt mir den Wind weg, daß es eine wahre Lust ist, und saust wie der Blitz. Ich sehe mich um, und nach einer Weile ist keiner mehr da. Alle Fahrer sind distanziert. Ich freue mich für ihn. Wenn er nur durchhält, denke ich und wundere mich, woher er so viel Kraft in den Beinen hat. Die Presseautos kommen, winken, kehren zurück, fahren voraus.

Ich habe nicht die geringste Absicht, meinen Gefährten zu überholen. Ein wenig befremdend empfinde ich es, daß niemand ›Feste, Cardo!‹ ruft. Inzwischen sind wir fast am Ziel. Diesmal hat er es geschafft, denke ich. Er gewinnt und fährt dann kein Rennen mehr. Sein Vater im Grab wird bestimmt zufrieden sein.

Da ist die Zielgerade. Diesmal wirst du zweiter, sage ich mir, das ist schon eine gute Leistung für dich. Eine Riesenmenge hat sich eingefunden, klatscht in die Hände, dann fahre ich am Hinterrad Cardos, der mir auf der ganzen Strecke den Wind abgefangen hat, ohne mir seinen Platz überlassen zu wollen, damit ich ihn etwas hätte ziehen können, durchs Ziel. Kaum bin ich durchs Ziel gefahren, da stürzen sich die Leute auf mich, die Mädchen küssen mich, überreichen mir Blumen, die Journalisten holen mich ans Mikrophon. Ich bin völlig verdattert und entgeistert. Ich halte nach Cardo Ausschau und kann ihn nicht erblicken. Alle behaupten, daß ich erster sei, aber, zum Teufel, ich weiß sicher, daß es nicht stimmt. Ich bin zweiter. Doch es ist nichts zu machen. Ich bekomme auch den Preis, und inzwischen treffen die berühmten Fahrer ein und dann die ganze Gruppe der anderen.

Während sie ankommen, suche ich Cardo – wahrhaftig, da ist er, unter den letzten. Ich sehe ihm ins Gesicht: Er ist es wirklich. Er trägt das Trikot mit seinen Farben und auf dem Rücken die Nummer Siebzehn. Ich kann es nicht fassen. Cardo ist niedergeschmettert und weint. Auch diesmal habe er es nicht geschafft, sagt er, obwohl er sein möglichstes getan habe; die anderen seien ihm schon bald davongefahren.

Später bin ich zu ihm ins Hotel gegangen und habe ihm die Geschichte erzählt. Ich habe ihm gesagt, daß ein Fahrer mit seinen Farben und seiner Nummer auf dem Rücken bis zum Ziel mein Schrittmacher gewesen sei. Und er hat mir gesagt, daß ich mich wohl nicht geirrt hätte. Hat gesagt, daß es der Geist seines Vaters auf dem Fahrrad gewesen sein müsse. Seines Vaters, der wollte, daß er Erster würde, um dann das Rennfahren aufzugeben. Darum sei er im Höllentempo auf der ganzen Strecke mein Schrittmacher gewesen. Nur habe der Geist seines Vaters den Fehler gemacht, nie einen Blick über die Schulter zu werfen, und so sei er bis zum Ziel mein Schrittmacher und nicht der seines Sohnes gewesen.

Cardo hat von diesem Tag an seine Rennfahrerlaufbahn aufgegeben. Und das war das einzige Mal, daß es mir gelang, das Rennen zu machen«, schloß Bino Ribelli.

Dann erzählte er mir seine anderen Abenteuer, aber keines war so interessant wie dieses.

Der Große Komet

Der Marchese Gismondo di Valleguscio hob die Tafel auf.

»Wenn die Herrschaften sich bitte zum Kaffee in den Salon begeben wollen . . .« sagte er.

Im munteren Geplauder trat eine kurze Unterbrechung ein, Stühle wurden gerückt, und die kleine Schar der Geladenen verließ das Zimmer.

An jenem Abend hatte der Marchese nicht viele Gäste. Ein ausländisches Ehepaar, das er in Cannes kennengelernt hatte, einen Wollfabrikanten mit seiner Tochter, einen Juwelier, einen Reisenden in Büroartikeln, dessen Frau und den Grafen Edoardo degli Urgenti mit seiner Gemahlin Gisalberta Maddalena Clarissa.

Die Geladenen jenes Abends waren außergewöhnliche Gäste. Keinerlei freundschaftliche oder verwandtschaftliche Beziehungen verbanden sie mit dem Marchese. Rein zufällige Bekanntschaften waren es, die der Marchese auf Reisen gemacht hatte; aber all diese Leute besaßen etwas Gemeinsames: Sie hatten mehr oder weniger offen den empfindlichen Marchese gekränkt, indem sie an den Geschichten zweifelten, die über die Schmuck- und Juwelensammlung Gismondo di Valleguscios im Umlauf waren.

Wenige hatten das Glück gehabt, die berühmte Sammlung zu bewundern. Jene wenigen waren von dem Glanz der Steine und dem Wert der Geschmeide so überwältigt worden, daß sie fast den Verstand verloren hatten.

Die Herzogin Luisa Colpennino war in Ohnmacht gefallen, ehe sie die seltensten Stücke der Kollektion hatte bewundern können, und war erst nach acht Monaten wieder völlig zu sich gekommen, dank ihrer Zimmergymnastik und einer langen Erholungsreise zu den bekanntesten Luftkurorten Europas.

Es war ausgeschlossen, die Sammlung zu besichtigen: Der Marchese Gismondo sagte jedem »nein«, der ihn zu bitten wagte, seinen Fuß in die Gemächer setzen zu dürfen, in denen die Kleinodien eifersüchtig gehütet wurden.

Die Neugier der Kenner war enorm, und obwohl außer jenen wenigen keiner je ein einziges Stück der Sammlung hatte bewundern können, durfte dennoch das Vorhandensein der Sammlung und ihr unschätzbarer Wert nicht in Zweifel gezogen werden.

Nur die an jenem Abend Geladenen hatten es gewagt, bei verschiedenen Gelegenheiten ihre Ungläubigkeit kundzutun.

Der Ausländer von Cannes hatte eines Tages, als er die Sammlung des Marchese rühmen hörte, seine Frau angeblickt und gelächelt: ein vielsagendes Lächeln, das sich der Marchese genau gemerkt hatte. Bei einem anderen Anlaß hatte der Wollfabrikant seine Zweifel klar und unumwunden geäußert; während der Reisende in Büroartikeln mit einem Anflug von Spott in der Stimme sich dem Marchese gegenüber die kühne Frage erlaubt hatte: »Ist es wahr, daß Sie eine Kartoffelsammlung in Ihrem Schloß haben?«

Graf Edoardo degli Urgenti war es aber gewesen, der durch das Hochziehen seiner Augenbrauen dem Faß den Boden ausschlug. Jene leichte Bewegung der Augenbrauen, die so bezeichnend und vielsagend war, ging dem Marchese schrecklich auf die Nerven, und er hielt sie für schlimmer als jede noch so grobe Beleidigung in Worten.

So lud der Marchese Gismondo di Valleguscio die Ungläubigen an jenem Abend zum Essen ein. Aber erst nach dem Kaffee faßte er den endgültigen Entschluß.

»Meine Herrschaften«, sagte er und umschloß dabei alle Anwesenden, die sich erhoben hatten, mit einem Blick, »nun werde ich Ihnen etwas zeigen, was sich nicht einmal die glühendste Phantasie ausmalen kann.«

Alle waren sehr gespannt, und in mehr als einem der Gesichter wich Ungläubigkeit und Gleichgültigkeit der Erregung.

Der Marchese bedeutete den Gästen, ihm zu folgen. Nachdem er eine Tapetentür geöffnet hatte, betraten die Gäste das Juwelenkabinett. Ein einfacher Tisch stand in der Mitte. An den Wänden befanden sich etwa ein Dutzend Panzerschränke. Das Zimmer lag im Halbdunkel. Eine Lampe beleuchtete die mit schwarzem Samt bedeckte Tischfläche.

Nachdem der Marchese einen der Panzerschränke aufgeschlossen hatte, entnahm er ihm ein Kästchen und stellte es auf den Tisch. Er öffnete es, und die erstaunten Gäste erblickten ein Dutzend wundervoller, edelsteinbesetzter Schmuckstücke. Ein leises Murmeln der Überraschung ging durch die kleine Gruppe.

Nur Graf Edoardo degli Urgenti zog die rechte Augenbraue hoch.

»Meine Herrschaften«, sagte der Marchese lächelnd, »Ihr Staunen ist fehl am Platze. Es handelt sich um ganz gewöhnliche Edelsteine. Sie sind zwar schön und auch wertvoll, aber nichts Besonderes. Sie haben keine Geschichte.«

Er stellte die Schmuckstücke wieder in den Panzerschrank und holte aus dem zweiten eine andere Schatulle. Steine von unerhörter Schönheit kamen zum Vorschein.

»Auch diese haben keine Geschichte«, sagte der Marchese lächelnd. »Wirklich kostbare Stücke müssen außer ihrer Schönheit und Seltenheit ihr eigenes Leben haben. Edelsteine sind erst dann wirklich wertvoll, wenn sie eine Schaden oder Glück bringende Kraft ausstrahlen, meine Herrschaften. Hier ist eines der seltensten Stücke meiner Sammlung«, sagte der Marchese und zeigte einen riesigen Rubin. »Die wohltätige Kraft dieses Steines ist gewaltig. Wer immer ihn besaß, hatte Glück. Seinem ersten Besitzer brachte er ein Reich, den anderen Wohlstand und Gesundheit. Nun ist er mein, und dank seiner wohltätigen Kraft besitze ich die kostbarste Sammlung der Welt.«

Die Gäste blieben unbeweglich, die Augen weit aufgerissen, gleichsam hypnotisiert.

Nur Graf Edoardo degli Urgenti zog seine rechte Augenbraue hoch.

Der Ausländer, den der Marchese in Cannes kennengelernt hatte, fand schließlich die Kraft, um ein Glas Wasser zu bitten.

Der Butler brachte das Wasser, und gleich darauf holte der Marchese aus einem anderen Panzerschrank ein anderes Kleinod.

»Ein Smaragd, wie Sie noch keinen gesehen haben«, sagte der Marchese und legte eine Goldbrosche mit einem Smaragd von ungewöhnlichen Ausmaßen unter die Lampe. »Auch dieser hat eine Geschichte. Seine schadenbringende Kraft ist unfehlbar, wenn auch nicht schlimm. Ein Diamantensucher fand ihn, ein gewisser Smith, und als er sich danach bückte, zerriß seine Hose so, daß sie nicht mehr geflickt werden konnte. Er verkaufte ihn zwei Jahre später einem Züchter von Pekinesen, und der Käufer schüttete sich ein Tintenfaß über sein neues Hemd. Er schrieb die Sache nicht dem Smaragd zu, und ein Jahr darauf brannten sämtliche Sicherungen seiner elektrischen Anlage durch. Erst als sich in seiner Tasche eine Schachtel Streichhölzer entzündete, entschloß er sich, den Stein loszuwerden. Der Herzog Dacaffè kaufte ihn und ließ seinen Regenschirm in der Straßenbahn stehen. Nun ist er eines der schönsten Stücke meiner Sammlung.«

Der Ausländer, den der Marchese in Cannes kennengelernt hatte, erbleichte und klammerte sich an den Arm seiner Gattin.

»Schrecklich!« flüsterte er. »Laß uns gehen: Meine Hosenträger sind gerissen.«

Das Paar verließ auf Zehenspitzen das Gemach.

Ein Lächeln der Genugtuung erhellte das Gesicht des Marchese.

Die anderen Gäste bewunderten schweigend das Juwel.

Nur Graf Edoardo degli Urgenti zog die rechte Augenbraue hoch.

»Mir reicht es«, flüsterte der Wollfabrikant und ging mit seiner Tochter hinaus.

»Aber ich habe Ihnen noch nicht das wichtigste Stück meiner Sammlung gezeigt«, sagte der Marchese Gismondo di Valleguscio, während das breite Lächeln der Genugtuung noch immer sein Gesicht verklärte.

Dem letzten Panzerschrank entnahm er ein kleines Etui und trug es unter die Lampe.

»Sie haben sicher vom Cullinan-Diamanten gehört«, sagte der Marchese, ehe er das Etui öffnete.

»Er ist berühmt«, sagte der Juwelier.

»Zugegeben«, antwortete der Marchese, »aber der Cullinan wirkt, mit diesem hier verglichen, lächerlich, er ist nur etwas größer als eine Erbse.«

Langsam hob er den Deckel des Etuis, und ein Diamant von sagenhafter Größe erschien vor den verblüfften Augen des Juweliers.

»Der Große Komet«, flüsterte der Marchese, »siebenhundertsechsundzwanzig Karat, gegen die fünfhundertsechzehn des Cullinan und die dreihundertachtzehn des ›Kleinen Kometen‹, der ja auch zu meiner Sammlung gehört.«

Der Juwelier erbleichte.

Nur Graf Edoardo degli Urgenti zog die rechte Augenbraue hoch.

Der Marchese Gismondo di Valleguscio schaute ihn an, und dicke Schweißtropfen perlten von seiner Stirn.

»Die verhängnisvolle Kraft dieses Diamanten ist außerordentlich«, sagte er, »er bringt Tod und Verderben, Blut und Gift. Der Kaiser von Gustavia

entfesselte einen Krieg, um sich dieses Steines zu bemächtigen, siegte und schenkte ihn der Kaiserin, die wenige Monate später von Löwen verschlungen wurde. Der Diamant wurde Eigentum des Großherzogs Filippo dei Consulti, der von seinen Untertanen erdolcht wurde, weil er sich die Haare färbte. Die Baronin Garisenda del Gas wollte den Stein erwerben, aber ein Taifun überfiel sie: Sie kam in den Fluten um. Ihr Erbe fiel aus dem Luftschiff, als er den Stein von Amerika nach England brachte. Der Herzog von Bertan kam durch giftige Pilze ums Leben. Die Macht dieses Diamanten ist schrecklich: Verbrechen und Selbstmorde, Tod und Verderben bringt er.«

Der Juwelier senkte den Kopf, Gräfin Gisalberta Maddalena Clarissa blickte den Grafen Edoardo degli Urgenti an.

Graf Edoardo degli Urgenti zog die rechte Augenbraue hoch.

»Nun?« fragte der Marchese und starrte den Grafen aus funkelnden Augen an. »Genügt es Ihnen immer noch nicht?«

»Ammenmärchen«, sagte Graf Edoardo degli Urgenti gelassen. »Unheilbringende Kraft? Stuß!«

»Was heißt Stuß?« stammelte der Marchese, bleich vor Wut.

»Seit wieviel Jahren besitzen Sie den Diamanten?« fragte der Graf.

»Seit fünf Jahren!« sagte der Marchese.

»Was faseln Sie dann dauernd von Unheil, Blut

und Verderben und von verhängnisvoller Kraft? Sie leben ja noch, will mir scheinen. Also ist es überhaupt nicht der Große Komet, den Sie so gerühmt haben.«

»Ist es nicht? Mein ...« brachte der Marchese gerade noch hervor. Schweiß rann ihm von der bleichen Stirn, dann überzog flammende Röte sein Gesicht, die Halsadern schwollen an. »Sie wagen es, immer noch zu zweifeln!« stieß er hervor, während er am ganzen Körper zitterte. Dann faßte er sich wieder, richtete sich auf, betrachtete den Diamanten, und sein Blick wurde sanft. »Großer Komet«, sagte er, »du lügst nie. Jetzt werde ich es ihm zeigen.«

Langsam öffnete er die Tischschublade, ergriff dann rasch einen Revolver, richtete ihn gegen die Schläfe und drückte ab.

»Er hatte doch recht«, sagte Gräfin Gisalberta Maddalena Clarissa und erhob sich.

Der Chiromant

Der Minister trat ein und ließ sich den Applaus der eleganten Gesellschaft lächelnd gefallen. Graf Babino Badade verbeugte sich und hieß den hohen Gast im Namen aller willkommen. Er hoffte, daß der Herr Minister im Anschluß an die feierliche

Einweihung der neuen Streichholzschachtel einen angenehmen Abend verbringen würde. Er, der Graf, habe schon seit Jahren ein Mitglied der Regierung einladen wollen, nie aber die Gelegenheit dazu gehabt. Endlich fühle er sich durch die Erwerbung einer neuen Streichholzschachtel in der Lage, den Herrn Minister zu deren Einweihung einzuladen.

Der Minister dankte bewegt und sprach über die Zündholzindustrie und die Schwefelproduktion, erklärte sich gegen die Herstellung von Feuerzeugen und wies an Hand statistischer Unterlagen nach, daß das Wachszündholz noch immer mehr in Gebrauch sei als das hölzerne. Er fand Worte der Anerkennung für die Künstler, welche die Streichholzschachteln mit ihren Kunstwerken schmücken, und schloß seine Rede unter dem frenetischen Beifall aller Gäste.

Dies alles hat zwar keine Bedeutung für den Verlauf unserer Erzählung, aber es ist gut, wenn die Umgebung, in der die Geschichte ihren Anfang nimmt, kurz skizziert wird.

Der Minister ließ sich also, nachdem der Beifall verrauscht war, die Wachszündholzschachtel überreichen und ritzte mit dem Daumennagel die Steuerbanderole auf, während das Orchester die kaiserliche Hymne spielte. Er öffnete die Schachtel, entnahm ihr ein Wachszündhölzchen, steckte es an und hielt die Flamme an die Zigarette der Gräfin Badade. Die Gäste fingen wieder zu klatschen an. Während ihm die Gräfin gerührt dankte, gab er die

Schachtel dem Grafen Babino zurück und schritt am Arm der Gräfin zum Büfett.

An dieser Stelle verlieren wir ihn aus den Augen. Das Gedränge um das Büfett erlaubt uns nicht, dem Minister und seiner liebenswürdigen Begleiterin zu folgen. Im übrigen interessiert uns sein ferneres Tun nicht mehr; wir können ihn beruhigt seinem Schicksal überlassen.

Wir haben nun vielmehr Gelegenheit, uns umzuschauen. Die Gäste im Hause des Grafen Badade sind lauter bekannte Persönlichkeiten aus der Welt der Literaten, Politiker, Musiker und Anstreicher.

Im großen Saal tanzen die Paare im Rhythmus eines Samba; im rosa Salon wird an einigen Tischen Bridge gespielt, und am Büfett prosten sich die Gäste mit Champagner zu.

Fröhlichkeit und gute Laune herrschen an diesem Abend im Hause des Grafen Babino, und Graf Babino Badade reißt sich förmlich in Stücke, um die Gäste zu unterhalten: ein wahrhaft vollendeter Gastgeber.

Soeben spricht er mit einem etwa fünfzigjährigen Herrn. Es ist Professor Ugo Dodonda, Ordinarius für Randbemerkungen an der Universität, Spezialist für orientalische Satzzeichensetzung, ein in der ganzen kulturellen Welt angesehener Mann.

»Ich glaube nicht daran«, sagt Professor Dodonda.

»Und doch«, sagt Graf Babino Badade, »muß etwas Wahres daran sein. Sehr oft trifft das ein, was geschrieben steht. Ich möchte sogar behaupten: immer. Ich kann Ihnen Hunderte von Beispielen nennen.«

»Zufall«, sagt der Professor, »nichts als Zufall. Was die Vergangenheit betrifft, ist es möglich, daß eine Spur zurückbleibt; aber was die Zukunft betrifft, so glaube ich es abstreiten zu müssen.«

»Und doch sind Sie für Ihre Fähigkeit, aus der Hand zu lesen, bekannt«, sagt der Graf.

»Auch das ist eine Wissenschaft, davon bin ich überzeugt«, sagt der Professor, »aber nur in bezug auf die Vergangenheit. Hinsichtlich der Zukunft bin ich skeptisch. Ich dürfte es natürlich nicht sein, da ich ja nach der Meinung der Leute der beste Chiromant der Gegenwart bin, auch wenn ich diese Kunst nicht berufsmäßig ausübe. Trotzdem habe ich kein Vertrauen dazu. Sehen Sie, Graf, ich habe mir selbst aus der linken Hand gelesen.«

Der Professor zeigt dem Grafen seine linke Handfläche.

»Und Sie haben nichts enträtselt?« erkundigt sich der Graf.

»Bis gestern schon«, antwortet der Professor, »aber im Hinblick auf die Zukunft weigere ich mich unter allen Umständen zu glauben, daß ich morgen sterben werde.«

»Morgen?« fragt der Graf und starrt den Professor entsetzt an.

»Ja, morgen«, sagt der Professor lächelnd. »Aber ich bin fest davon überzeugt, daß es nicht so kommen wird. Sie werden bemerkt haben, daß ich, wenn jemand mich bittet, ihm aus der Hand zu lesen, seine Neugier gern befriedige. Doch nicht ohne die Einschränkung, daß alles, was ich ihm sage, nach meiner Überzeugung nicht eintreffen wird.«

»Das ist aber ein merkwürdiges Verhalten für einen Chiromanten«, sagt der Graf. »An Ihrer Stelle würde ich mich jedenfalls morgen sehr in acht nehmen.«

Der Professor beginnt zu lachen. »Nicht nötig. Mir geht es ausgezeichnet. Ich habe mich gesundheitlich noch nie so wohl gefühlt wie augenblicklich.«

»Das freut mich für Sie«, sagt der Graf, »wenngleich Ihre Mitteilung mich ziemlich beunruhigt. Ich glaube nämlich an diese Dinge.«

»Lieber Professor«, ruft auf einmal Gräfin Gina Donaguizzo, wendet sich dann an eine Gruppe von Freundinnen und sagt: »Kommt, Kinder! Der Professor liest aus der Hand.«

Eine Schar junger Damen umringt die zwei Herren. Alle halten die Hand hin, aber der Professor entzieht sich ihnen verlegen.

»Ach, bitte, Herr Professor, nur ein bißchen!«

»Ich möchte wissen, ob mein Bräutigam mich liebt!«

»Sagen Sie mir nur, ob ich verreisen soll!«

»Meine verehrten Damen«, sagt der Professor, »wenn Sie es wünschen, stehe ich Ihnen gern zu Diensten. Aber ich mache Sie darauf aufmerksam, daß ich kein Wort von dem glaube, was ich aus Ihren Händchen lesen werde.«

Alle lachen und denken, daß der Professor scherzt. Die Gräfin hält zuerst die Hand hin, und der Professor beugt sich darüber.

»Sie werden baden gehen«, sagt er, »haben keinen Schirm mit, und auf dem Heimweg wird es regnen. Was die Vergangenheit betrifft, so haben Sie vor zwei Jahren einen Entenbraten anbrennen lassen.«

»Wahrhaftig!« sagt Gräfin Gina Donaguizzo verdutzt. »Sie haben es erraten.«

»Nicht erraten«, sagt der Professor, »hier steht es.«

Und er berührt mit dem Finger die Hand der Gräfin.

»Und was bringt die Zukunft?« fragt die Gräfin klopfenden Herzens.

»Ich sehe ein Unglück«, sagt der Professor. »Die Puderdose wird Ihnen aus der Hand fallen und die Glasplatte Ihres Toilettentisches zerbrechen.«

»Oh, ich Arme!« ruft die Gräfin sichtlich beeindruckt. »Das reicht mir. Ich fürchte, Sie sagen mir sonst noch Schlimmeres.«

»Keine Sorge«, sagt der Professor. »Ich glaube nicht, daß es geschehen wird.«

Er liest in der Hand einer anderen jungen Dame.

»Ihr Gatte«, sagt er, »hat voriges Jahr zu enge Schuhe getragen. Sie werden ein Paar Nylonstrümpfe einbüßen und ungefähr eineinviertel Stunden im Fahrstuhl eingeschlossen bleiben.«

»Sie prophezeien ja lauter Katastrophen«, sagt die Dame. Und alle gehen beunruhigt auseinander, denn sie glauben an solche Dinge.

»Sie haben wie immer Erfolg gehabt«, sagt Graf Babino Badade, »übrigens zu Recht. Auch ich glaube an solche Dinge.«

»Das sollten Sie nicht tun«, sagt der Professor.

Doch der Graf streckt ihm seine linke Hand hin, und der Professor beugt sich darüber. Dann blickt er zum Grafen auf und schüttelt den Kopf.

»Sie haben gesagt, daß Sie an solche Dinge glauben«, sagt er.

»Gewiß habe ich das, und ich wiederhole es ausdrücklich«, sagt der Graf.

»Dann kann ich Ihnen leider nichts sagen.«

Der Graf wird bleich und starrt den Professor an.

»Sie können sich doch nicht weigern, mir zu sagen, was Sie in meiner Hand gelesen haben«, sagt er, »Sie sind doch mein Gast.«

»Ich habe nichts Besorgniserregendes herausgelesen«, stammelt der Professor, aber es ist offensichtlich, daß er nicht die Wahrheit spricht, und der Graf gibt sich nicht damit zufrieden.

»Es muß mir wohl etwas Ernstes zustoßen«, sagt der Graf, »und da muß ich Vorsichtsmaßnahmen treffen. Wenn ich aber nichts weiß, kann ich mich nicht davor hüten. Ich werde Sie für alles, was mir passiert, verantwortlich machen.«

Der Professor zögert eine Weile und versucht dann, den Grafen zu überzeugen, daß es doch lauter

Phantasien seien und daß man keinesfalls ernst nehmen dürfe, was man aus der Hand liest.

»Wenn Sie es aber unbedingt wünschen«, sagt der Professor, »bin ich gezwungen, Ihnen mitzuteilen, daß Ihr Tod für heute nacht in Ihren Linien geschrieben steht.«

Der Graf wird sofort unruhig, doch der Professor bricht in Lachen aus.

»Stellen Sie sich nur vor«, sagt der Professor, »daß ich morgen sterben soll. Unsinn! Es ist völlig lächerlich. Ihnen wie mir geht es ausgezeichnet. Haben Sie irgendein Leiden?«

»Nein«, antwortet der Graf gepreßt. »Aber wenn meine letzte Stunde geschlagen hat, werde ich mich fügen. Dann hat es eben das Schicksal so gewollt.«

Der Professor klopft ihm auf die Schulter und versucht ihn zu beruhigen. »Morgen werde ich vorbeikommen«, sagt er, »ich bin sicher, daß Sie lebendiger sein werden denn je.«

»Kommen Sie nur«, sagt der Graf, »ich wette, Sie treffen mich nicht mehr unter den Lebenden an.«

»Abgemacht«, sagt der Professor.

Unterdessen nähert sich das Fest dem Ende. Alle gehen zufrieden nach Hause. Der Minister ist schon vor längerer Zeit gegangen, nachdem er sich von Graf und Gräfin Badade herzlich verabschiedet hat.

Die Villa wird geschlossen, die Lichter verlöschen. Es ist schon drei Uhr morgens.

Auch wir wollen schlafen gehen.

Erst gegen elf Uhr verläßt Professor Dodonda das Haus. Er erinnert sich an die Wette der vergangenen Nacht, und wenig später läutet er an der gräflichen Villa. Alles scheint noch zu schlafen. Nichts rührt sich, keine Menschenseele läßt sich blicken. Den Professor überläuft es kalt, und einen Augenblick lang denkt er, daß seine Prophezeiung vielleicht doch wahr geworden sein könnte.

Aber da öffnet sich die Tür. Der Graf selbst erscheint auf der Schwelle und verbeugt sich lächelnd. Ein Seufzer der Erleichterung – dann läßt der Graf den Professor eintreten.

Da ist der Salon. Die Überbleibsel des Festes liegen noch herum. Sie gehen in die Bibliothek.

»Ich habe die Wette gewonnen«, sagt der Professor, »sehen Sie, ich hatte recht. Sie sollten diese Nacht sterben und ich heute. Die Nacht ist vorüber, und Sie leben noch.«

Der Graf lächelt. »Es ist geschehen, nachdem der letzte Gast gegangen war. Ich weiß nicht, wie er hereingekommen ist. Er hat alles geraubt, was im Geldschrank war.«

»Wie bitte?« fragt der Professor verblüfft.

Der Graf lächelt unbeirrt. »Sie haben gar nichts gewonnen«, sagt er, »ich, der ich an diese Dinge glaubte, hatte recht.«

»Wieso recht?« stammelt der Professor.

Da dreht sich der Graf langsam um, und der Professor erblickt in seinem Rücken den Griff eines Dolches. Der Professor reißt die Augen auf, die

Halsschlagadern schwellen an, sein Gesicht wird violett. Er greift sich an die Kehle und fällt dann mit verzerrtem Gesicht in einen Sessel.

Es ist nicht schwer zu erraten, daß ein Herzschlag ihn auf der Stelle getötet hat.

Einige Stunden später behauptet ein Passant gesehen zu haben, wie der Graf und der Professor langsam zum Friedhof gegangen seien. Sie hätten sich unterhalten, und er habe den Professor deutlich sagen hören: »Ein Zufall, lieber Graf. Ich versichere Ihnen: ein Zufall, vielmehr zwei Zufälle, Ihrer und meiner. Ich bin immer noch davon überzeugt, daß es lauter Hirngespinste sind.«

Das Geheimnis der Uhren

Die Geschichte begann am Morgen des 7. Oktober. Der Uhrmacher Otto Virgola Smith war das erste Opfer. Es war kurz vor acht, als der Uhrmacher sich zu seinem Geschäft begab. Er hatte schon die Schlüssel in der Hand, als er um die Straßenecke bog, um das Schutzgitter hochzuschieben, aber er hatte die Schlüssel nicht nötig. Das Schutzgitter war aufgerissen und das Schaufenster eingeschlagen worden; alle Uhren waren verschwunden. Der Uhrmacher Otto Virgola Smith meldete den Einbruch, und die Polizei suchte den Dieb. Sie fand ihn nicht, und die Angelegenheit wurde zu den Akten gelegt. Uhrmacher Smith konnte eine kleine Versicherungssumme einstreichen, und der Einbruch wurde wie alle Delikte dieser Art vergessen.

Am 12. Oktober wurde der Laden des Uhrmachers Frik vom gleichen Schicksal ereilt. Die Schutzgitter waren heruntergerissen und alle Uhren verschwunden. Das Geschäft war völlig ausgeplündert. Nicht eine einzige gute Uhr war der Aufmerksamkeit des Diebes entgangen. Er hatte nur eine alte Uhr, die seit Jahren nicht mehr ging, zurückgelassen. Die Polizei gab sich große Mühe, durchsuchte die Hinterhöfe und Schlupfwinkel, verhaftete mehrere Hehler, mußte aber alle Verhafteten wieder freilassen.

Ein drittes Uhrengeschäft, ein großer Laden, vielleicht der angesehenste der Stadt, wurde in der Nacht zum 18. Oktober ausgeplündert. Vom 22. bis zum 26. Oktober wurden zwei weitere Uhrengeschäfte restlos ausgeräumt. Die in Alarm versetzte Polizei durchstöberte die ganze Stadt und verhaftete Hunderte von verdächtigen Personen, beschlagnahmte Uhren und legte sie den Beraubten vor. Keine Uhr wurde identifiziert.

Die Anzahl der verschwundenen Uhren war ungeheuer. Irgendwo mußten die Uhren versteckt sein! Irgendein Hehler mußte doch die gestohlenen Uhren weiterverkauft haben! Polizisten in Zivilkleidung patrouillierten durch die Stadt und hielten die Leute an, um nach der Zeit zu fragen. Sie achteten dabei genau auf die Uhren der Angehaltenen.

Aber keine besaß die Merkmale einer der gestohlenen Uhren.

Die Panik unter den Uhrmachern war ungeheuer. Die Schutzgitter der Geschäfte wurden durch neue Schlösser gesichert, Nachtwächter angestellt und die Läden Tag und Nacht von Sonderstreifen bewacht. Alle ins Ausland gehenden Gepäckstücke wurden geöffnet – ohne Resultat. Von den Uhren fehlte die geringste Spur. Sie hatten sich in nichts aufgelöst.

In der Nacht zum 9. November sah ein Nachtwächter eine Männergestalt aus einem Uhrenladen kommen. Das Schaufenster war zertrümmert. Der Wächter lief dem Mann nach, verlor ihn jedoch nach wenigen Minuten aus den Augen. Er konnte den Dieb nicht beschreiben: Das nächtliche Dunkel hatte es ihm nicht gestattet, besondere Kennzeichen festzustellen. Er war normal groß – mehr konnte der Wächter nicht aussagen. Für einen gewöhnlichen Sterblichen schien die Schnelligkeit seiner Flucht allerdings außerordentlich zu sein. Der Nachtwächter schwor, daß jener Mann weder Koffer noch Säcke, noch irgend etwas von größerem Umfang bei sich gehabt habe. Und doch war die Menge der gestohlenen Waren sehr beachtlich. Es wurden Nachforschungen in der Umgebung des ausgeplünderten Geschäftes angestellt, aber man entdeckte nicht einmal einen Schimmer des Diebesgutes.

Die Wachsamkeit wurde verhundertfacht. Die

Besitzer der Uhrenläden schliefen in den Geschäften, den geladenen Revolver neben sich.

In der Nacht zum 15. November suchte der Einbrecher eine kleine Uhrmacherwerkstatt auf. Auch in jener Nacht wurde er von den Wächtern kurz gesichtet, die wie toll hinter ihm her schossen. Sie schworen, daß er getroffen worden sei. Aber auf seiner außergewöhnlich schnellen Flucht hinterließ der Dieb keinerlei Blutspur. Auch in jener Nacht machte die Finsternis den Wächtern eine Personalbeschreibung des Mannes unmöglich. Sie konnten nur aussagen, daß er kein Bündel, keinen Koffer und auch keine Aktentasche bei sich gehabt habe. Es hatte den Anschein, als ob er ohne seine Beute davongegangen sei. Und doch war keine einzige Uhr in dem kleinen Geschäft zurückgeblieben.

In der Nacht zum 20. November verschwanden sieben Straßenuhren. Alle Polizeikräfte der Stadt wurden eingesetzt. Die Zufahrtswege wurden abgesperrt. Polizeistreifen zogen Tag und Nacht durch die Straßen.

Vier weitere Straßenuhren verschwanden in der Nacht zum 24. November. Die geheimnisvolle Gestalt wurde von einer Garbe aus der Maschinenpistole eines Polizeioffiziers getroffen. Wieder keine Blutspuren. Einem Auto, das die Verfolgung aufnahm, gelang es nicht, die geheimnisvolle Gestalt auf der Flucht einzuholen: Sie lief schneller als ein Auto.

Die Uhrmacher lehnten sich geschlossen gegen

die Polizei auf, die ihre Ohnmacht zugab. Erst am 30. November stürzte keuchend ein alter Mann ins Büro des Polizeikommissars und sagte, er habe wichtige Aufklärungen zu geben. Er war völlig verwirrt und weinte.

»Eisenhans ... die Uhren ...« stammelte er. »Man muß ihn sofort fangen ...«

Man bat den alten Mann, sich in einen Sessel zu setzen, brachte ihm Kamillentee und wartete, bis er sich beruhigt hatte.

»Sie müssen sofort hinter ihm her!« rief er, während ihm dicke Schweißtropfen von der Stirn rannen. »Mit einem Magneten!«

»Einem Magneten?« fragte der Kommissar erstaunt.

»Ja, einem Magneten«, sagte der Alte, »nur damit können Sie ihn verhaften.«

»Wollen Sie mir nicht verraten, um was es sich handelt?« fragte der Kommissar. »Und seien Sie unbesorgt: Wir werden ihn mit oder ohne Magneten kriegen.«

»Er ist mein Lebenswerk«, begann der Alte, »dem Eisenhans habe ich mein ganzes Studium gewidmet: vierzig Jahre Studium und Arbeit. Meine Herren«, erklärte der alte Mann, während er sich in seinem Sessel aufrichtete, »ich habe den vollkommenen Automaten geschaffen, ja, zur Welt gebracht.«

»Den Automaten?« fragte der Kommissar.

»Ja, den künstlichen Menschen«, sagte der Alte,

»Eisenhans, den Menschen, der ganz und gar aus Metall besteht, den Menschen, der eine Seele besitzt, der spricht, geht, arbeitet und sich in allem wie ein normaler Mensch benimmt. Er hat eine Seele, meine Herren. Ich habe andere künstliche Menschen gesehen, aber keiner hat eine Seele! Eisenhans hat eine eigene Seele und einen eigenen Willen.«

Der Kommissar lächelte, alle anderen lächelten und schüttelten ungläubig den Kopf. Wahrscheinlich war der Alte aus dem Irrenhaus fortgelaufen.

»Deshalb können Sie ihn nur mit einem Magneten fangen«, sagte der Alte, »Sie können mit Revolvern oder Maschinenpistolen auf ihn schießen: Durch seine Adern fließt kein Blut, nur Schmieröl.«

»Und was hat das mit den Uhren zu tun?« fragte der Kommissar.

Der Alte senkte den Kopf. »Das ist so«, erwiderte er, »Eisenhans hat außer einer Seele auch einen Magen, Eingeweide und Gedärme. Er ist durch und durch ein Mensch wie wir. Aber er besteht aus Metall. Aus Gußeisen, Stahl und Aluminium. An jenem Tag, da mir klar wurde, daß ich mein Ziel erreicht, daß ich das Werk vollbracht hatte, mußte ich ihm nur noch das letzte Getriebe einsetzen, damit der Mechanismus in allen seinen Teilen funktionierte. Für mich war es ein dramatischer Augenblick. Es ging um den letzten kleinen Schritt zum Ziel, für das ich mein Leben lang gearbeitet hatte. Sicher können Sie sich vorstellen, wie mir da zumute war: Entweder Ruhm oder Tod standen mir bevor. Mein Entschluß war gefaßt. Ich fieberte und hatte den entscheidenden Augenblick schon tags zuvor aufgeschoben. Ich befürchtete das Scheitern meines Werkes. Statt dessen ...« Der Alte wischte sich den Schweiß von der Stirn. »Zitternd«, fuhr er fort, »setzte ich das letzte Getriebe ein. Da richtete sich der Automat nach und nach auf und lächelte mich mit metallenem Gesicht an. Ich wurde ohnmächtig. Als ich wieder zu mir kam, stand er über mich gebeugt und streichelte mir mit seinen kalten Händen die Stirn.

›Ich beglückwünsche mich‹, sagte er und reichte mir die Hand; und das war die schönste Genugtuung für mich. Er beglückwünschte sich selbst zu meinem Werk, zu dem Erfolg, der mir beschieden war. Ein Erfolg, meine Herren, der alle Erwartungen übertraf.

›Wie geht es dir?‹ fragte ich.

›Gut‹, sagte er, ›ausgezeichnet.‹ Er ging im Laboratorium auf und ab und machte dabei ein paar Kniebeugen. ›Du hast ein Meisterwerk vollbracht‹, sagte er, ›die Bewegungen machen mir keinerlei Schwierigkeiten. Alles ist in bester Ordnung.‹

›Ich werde dir einen Namen geben müssen‹, sagte ich.

›Eisenhans‹, antwortete der Automat, ›das ist der passendste Name.‹

›Einverstanden, Eisenhans‹, erwiderte ich. Ich zog meine Uhr aus der Tasche. Es war dreiundzwanzig Uhr vier. Eisenhans starrte auf die Uhr,

leckte sich die Lippen, nahm mir die Uhr aus der Hand und riß sie von der Kette ab.

›Sie muß sehr gut sein‹, sagte er, ›ich habe einen Bärenhunger.‹

Er steckte sie in den Mund, kaute und schluckte sie herunter. Er sagte, sie sei ein Leckerbissen, etwas Köstliches. Sie war ein teures Familienerbstück, aber es war mir egal. Ich hätte Eisenhans, meinem Geschöpf, alles gegeben. Eisenhans schaute sich um. Meine Uhr hatte seinen Appetit angeregt. Ich stellte fest, daß mein Werk wirklich vollkommen war. Sogar der Magen arbeitete prächtig. Ich gab ihm noch eine zweite Uhr, einen kleinen Wecker. Er vertilgte ihn mit entsetzlicher Gefräßigkeit. Ich hielt schnell noch eine Wanduhr für ihn bereit. Die machte ihn satt, aber nicht einmal besonders.

Ich kaufte alte, abgelegte Uhren und Uhrwerke auf. Als ich ihm diese Dinger brachte, verzog er vor Abscheu das Gesicht.

›Soll ich etwa dieses alte Zeug essen?‹ sagte er. ›Ihr eßt doch auch keine verdorbenen Fische!‹

Er wollte frische Ware, Uhren, die liefen, ›lebendige‹, wie er sagte. Er zog sie zuerst auf und aß sie nur, wenn er das Ticken ihres Mechanismus hörte. Ich kaufte ihm zwei Kilo Armbanduhren. Es war nicht genug. Mein ganzes Geld gab ich für Uhren aus; doch sein Hunger war unersättlich. Wir zankten uns. Er meinte, wenn ich ihn zum Hungerleiden erfunden hätte, wäre es besser gewesen, ihn überhaupt nicht zu erfinden. Ich war ratlos. Eines Nachts ging er davon.

Tags darauf erfuhr ich, daß er einen ganzen Uhrenladen aufgefressen hatte. Ich versuchte alles, um ihn von seinen Unternehmungen abzubringen, aber ich konnte ihn nicht zwingen zu hungern. Nachts ging er fort, und niemand konnte ihn festhalten. So flink und stark war er. Mit einer Hand zerriß er ein Schutzgitter, als sei es Papier.

Alles Weitere wissen Sie selbst. Er verschlang eine Unmenge von Uhren, und als die Geschäfte bewacht wurden, machte er sich über die Straßenuhren her, jedoch mit wenig Begeisterung. Sie waren nicht nach seinem Geschmack. Er liebte das Knusprige, wie er sagte, die kleinen Armbanduhren, allenfalls noch die eine oder andere Büfettuhr.«

»Und wo ist er jetzt?« wollte der Kommissar wissen, während er sich erhob und den Alten streng anblickte.

Der Alte ließ den Kopf hängen, und große Schweißtropfen perlten ihm erneut von der Stirn. Er zerknüllte mit zitternden Händen sein Taschentuch. »Man muß ihm nach, ihn mit einem Magneten fangen«, stammelte er.

»Wohin ist er denn gegangen?«

»In die Schweiz«, sagte der Alte und wurde ohnmächtig.

Der Kommissar gab Alarm. Überfallkommandos, die mit Magneten ausgerüstet waren, fuhren in Richtung Grenze. Sie fanden ihn verlassen auf einem Feld neben der Straße. Kraftlos und kalt. Am Tag vorher hatte es geregnet, und die schreckliche Rostkrankheit war im Begriff ihn zu verzehren. Er hatte kaum die Kraft, dem Alten zuzulächeln, der sich auf die Knie warf und ihn schluchzend umarmte.

Der vierzehnte Gast

Fröhliche Stimmung herrschte an jenem Abend im Hause von Herrn Usuello Basco Freddo. Es war wirklich ein sorgloser Abend. Herr Usuello strömte Heiterkeit aus allen Poren aus, und seine Frau Entusiasta strahlte. Es war das beste Abendessen im ganzen Umkreis. Entusiasta hatte es selbst zubereitet. Jeder Gang wurde mit freudigen und bewundernden Ausrufen begrüßt, jede Speise wurde eingehend gewürdigt. Die Damen baten um technische Einzelheiten über den besten Rostbraten Europas; die Herren ließen sich die Speisen munden, deren würziger Geschmack ihrem Gaumen neuartige Reize verschaffte.

Frau Entusiasta servierte selbst. Fremden war das Betreten der Küche untersagt. Alles war schon fertig, die vorbereiteten Gerichte brauchten nur geholt und aufgetragen zu werden. Das Personal hatte an jenem Tag Ausgang, und Frau Entusiasta hatte die Abwesenheit der Köchin dazu benutzt, in aller Heimlichkeit ihre Spezialgerichte zu machen.

Dann waren die Gäste gekommen, und das Essen begann, verlief und endete zur allgemeinen Zufriedenheit.

Es war ein einziger Triumph, der seinen Höhepunkt erreichte, als Huhn auf Samt und anschließend Tabakbraten serviert wurde.

Danach gab es Süßspeisen, Käse, Obst und Eis.

Beim Kaffee wurde Frau Entusiasta plötzlich bleich. Sie schaute die Gäste der Reihe nach an und erblaßte immer mehr. Sie betrachtete sie nochmals und fiel, da sie nicht noch bleicher werden konnte, in Ohnmacht.

Herr Usuello fing sie in seinen Armen auf, und die Gäste umringten bestürzt die Hausherrin.

Als Frau Entusiasta wieder zu sich kam, bat sie die Gäste, wieder am Tisch Platz zu nehmen, und flüsterte ihrem Gatten ins Ohr: »Zähle sie!«

Im stillen zählte Herr Usuello Basco Freddo die Anwesenden und sah seine Frau an.

»Wir sind dreizehn«, sagte er. »Ich habe von rechts nach links und von links nach rechts gezählt. Wir sind dreizehn.«

Frau Entusiasta nickte. »Genau dreizehn«, sagte sie. »Das ist schlimm. Es war falsch, sie nicht gleich zu zählen; dann hätte es sich vermeiden lassen.«

»Wie denn?« fragte ihr Mann. »Wir hätten keinen unserer Freunde wieder ausladen können.«

»Aber wir hätten einen vierzehnten Gast einladen können«, sagte Frau Entusiasta, »jetzt ist das Unglück geschehen.«

»Wir müssen es um jeden Preis wiedergutmachen«, sagte Herr Usuello, »ich glaube, keiner der Anwesenden möchte gerne bei Tisch der dreizehnte sein.«

»Wie läßt es sich wiedergutmachen, da wir doch schon gegessen haben?« fragte Frau Entusiasta. »Wer weiß, welches Unglück jetzt über unser Heim kommen wird.«

Herr Usuello Basco Freddo stand auf.

»Meine Damen und Herren«, sagte er, »leider stelle ich eben erst fest, daß wir dreizehn sind.«

Ein Gemurmel erhob sich unter den Geladenen. Corinna Cartonaggi brach in Tränen aus. Gismondo Asciugamano riß sich ein Büschel weißer Haare aus und warf es unter den Tisch.

»Einer von uns muß gehen«, rief Domenico Frosesì und sprang verzweifelt auf.

»Zu spät«, sagte Herr Usuello Basco Freddo, »wir haben schon gegessen.«

Da erhob sich Graf Baldo Moribondo und bat mit einer Handbewegung um Ruhe. Alle verstummten.

»Es gibt einen Ausweg«, sagte er. »Wir räumen den Tisch ab, decken ihn wieder neu und essen nochmals. Natürlich erst, wenn wir den vierzehnten Gast gefunden haben.«

Seine Worte entfesselten einen wahren Freudenausbruch. Frau Entusiasta traten vor Erleichterung die Tränen in die Augen. Sie stand auf und eilte in die Küche.

»Es läßt sich ausgezeichnet machen«, rief sie, wieder im Eßzimmer erscheinend, »wir haben eine Menge Reste. Los, Kinder! Ich richte sie in der Küche neu an, ihr helft abräumen und wieder decken.«

Alle machten sich voll Eifer an die Arbeit.

Herr Usuello stürzte ans Telephon und begann, im Telephonbuch zu blättern. Nach zehn Minuten kam er bleich und niedergeschlagen zurück.

»Um diese Zeit haben alle schon gegessen«, sagte er und schlug verzweifelt die Hände über dem Kopf zusammen. Den Anwesenden wurde angst und bange.

»Jemand muß gefunden werden«, sagte Graf Baldo Moribondo, »irgend jemand, egal wer. In zehn Minuten wird an diesem Tisch der vierzehnte Gast sitzen. Ich verpflichte mich, ihn aufzutreiben.«

Graf Baldo Moribondo begab sich zur Garderobe, schlüpfte in seinen Überzieher und ging auf die Straße hinunter.

Zehn Minuten später kam er zurück. In Begleitung eines Mannes. Ein Fünfziger in elegantem dunklem Anzug. Er verbeugte sich und begrüßte alle Anwesenden, die ihn aufatmend betrachteten.

»Doktor Alticcio Rovinastri«, stellte Graf Baldo Moribondo vor.

Doktor Alticcio Rovinastri lächelte allen zu, und sogleich kehrte die gute Stimmung ins Haus zurück.

Alle setzten sich wieder zu Tisch, und aus der Küche kam Frau Entusiasta freudestrahlend mit der Suppenterrine.

Doktor Alticcio Rovinastri sah sie an.

Da stolperte Frau Entusiasta über den Teppich und goß sich die ganze Suppe in den Ausschnitt.

»Macht nichts«, sagte sie lachend. »Hauptsache ist, wir sind vierzehn und nicht dreizehn. Nichts soll mehr die Fröhlichkeit aus diesem Hause vertreiben. Nun sind wir sicher, daß niemandem von uns etwas Unangenehmes zustoßen kann. Dank Doktor Alticcio Rovinastri, der so liebenswürdig ist, mit uns zu essen.«

Alle applaudierten Doktor Rovinastri, und Doktor Rovinastri lächelte.

»Haben Sie zu dieser Stunde wirklich noch nicht zu Abend gegessen?« fragte Corinna Cartonaggi, die zu seiner Rechten saß.

»Wirklich nicht«, sagte Doktor Alticcio Rovinastri. »Wissen Sie, ich hatte eine ganze Menge Einladungen für heute abend. Erst akzeptierte ich die Einladung des Grafen Arturo Brescia Periferia. Aber als wir uns zu Tisch setzten, merkten wir, daß wir dreizehn waren. Alle Gäste blickten mich an. Da stand ich auf, verabschiedete mich und ging. Ich rief den Industriellen Bettino Rivadestra an, der mich auch eingeladen hatte. Er war über meinen Anruf hocherfreut und sagte, ich solle ja kommen. Als wir uns zu Tisch setzten, stellten wir fest, daß wir dreizehn waren. Alle richteten ihre Blicke auf mich, so mußte ich gehen. Es war schon spät, trotzdem wagte ich es, die herzogliche Familie Spesso Seduti anzurufen. Sie sagten, sie hätten mich wie eine Stecknadel gesucht, um mich doch noch zu bewegen, ihre Einladung anzunehmen, um so mehr, da sie im letzten Augenblick entdeckt hatten, daß sie zu dreizehnt waren. Ich solle schleunigst kommen, das Essen stehe schon auf dem Tisch. Ich ging schleunigst hin. Als ich eintrat, trug man gerade einen Gast hinaus, dem es schlecht geworden war. Ich wäre also der dreizehnte Gast gewesen. Alle blickten mich stumm an, und ich ging.«

»Aber warum mußten denn gerade Sie immer gehen?« erkundigte sich Domenico Frosesì.

Doktor Alticcio Rovinastri lächelte. »Haben Sie gesehen, wie die Hausfrau die Suppenschüssel über sich ausgegossen hat?«

»Ja«, sagte Domenico Frosesì.

»Ich bin ein großer Unglücksbringer«, sagte Doktor Alticcio Rovinastri.

»Wunderbar!« rief Frau Entusiasta. »Ich habe noch nie einen gesehen. Wie machen Sie das?«

Doktor Alticcio Rovinastri zuckte die Achseln. »Ich weiß es nicht«, sagte er. »Es geschieht ohne mein Zutun. Wenn Sie wünschen, daß ich fortgehe, so mache ich weiter keine Umstände. Ich weiß, es ist nicht angenehm, einen Unglücksbringer bei Tisch zu haben.«

Alle protestierten.

»Keinesfalls«, sagte Herr Usuello Basco Freddo,

»wenn Sie gehen, sind wir wieder dreizehn, und wer weiß, was dann geschieht.«

»Danke«, sagte Doktor Alticcio Rovinastri, »wenn Sie durchaus wollen, bleibe ich gern.«

Die verschiedenen Gerichte wurden bei allgemeiner Heiterkeit aufgetragen. Alle Gäste aßen wieder mit Appetit und wollten von dem Neuankömmling wissen, was für unangenehme Ereignisse er schon einmal durch seine Gegenwart hervorgerufen habe. Doktor Alticcio Rovinastri erzählte bereitwillig.

»Ich bin nicht abergläubisch«, sagte Rubaldo Bloccasterzo. »Tatsächlich war ich der einzige, dem es nichts ausmachte, daß wir dreizehn waren. Und Unglücksbringer existieren nur für den, der daran glaubt.«

Doktor Alticcio Rovinastri lächelte und betrachtete den Kronleuchter.

Im selben Augenblick löste sich dieser von der Decke und stürzte unter lautem Getöse auf den Tisch.

Alle sprangen auf und riefen: »Wunderbar! Unglaublich!«

»Bravo! Wie haben Sie das gemacht?« fragte Frau Entusiasta.

»Entschuldigen Sie«, sagte Doktor Alticcio Rovinastri beschämt, »wenn Sie meinen, daß ich gehen soll . . .«

»Keinesfalls«, rief Herr Usuello Basco Freddo, »wenn Sie gehen, sind wir wieder dreizehn!«

»Seien Sie doch nicht so töricht, gerade jetzt ge-

hen zu wollen«, sagte Fräulein Corinna Cartonaggi, »jetzt, wo wir gerade eine Lösung gefunden haben.«

Das Telephon klingelte. Herr Usuello ging auf den Flur, um es abzunehmen.

»Sie werden gewünscht«, sagte er, auf der Schwelle zum Eßzimmer stehend, und machte Domenico Frosesì ein Zeichen.

Als Domenico Frosesì zurückkam, hatte sich seine Miene verdüstert. »Ich bin vollkommen ruiniert«, sagte er. »Man hat mir soeben den Bankrott meiner Gesellschaft mitgeteilt.«

»Das tut mir aber leid«, sagte Doktor Alticcio Rovinastri und stand auf. »Ich gehe.«

»Wehe Ihnen, wenn Sie sich von der Stelle rühren!« rief Graf Baldo Moribondo. »Was geschehen ist, ist geschehen. Wenn Sie fortgehen, bleibt Herr Frosesì trotzdem ruiniert, und außerdem sind wir dann wieder dreizehn.«

Doktor Alticcio Rovinastri setzte sich wieder, und der Abend verlief ohne bedeutende Zwischenfälle, wenn man von den Nachrichten absieht, die allmählich über den Telephondraht zu den Gästen gelangten: Zusammenstöße sämtlicher Autobusse auf allen Linien, die Rubaldo Bloccasterzo gehörten, völlige Überschwemmung der Ländereien des Grafen Baldo Moribondo, Explosion des Badeofens im Hause von Fräulein Corinna Cartonaggi, Untergang aller vier Schiffe, deren Reeder Gismondo Asciugamano war. Und andere Kleinigkeiten, die nicht erwähnenswert sind.

Inzwischen war es zwei Uhr geworden. Das Essen war schon einige Zeit zu Ende, und die Gäste begannen aufzubrechen. Jemand verstauchte sich das Bein, als er am Arm Doktor Alticcio Rovinastris die Villa verließ, aber Herr Usuello Basco Freddo wollte bis zuletzt höflich bleiben.

Er machte die Garage auf und fuhr mit dem Wagen vor das Gartentor.

»Ich werde Sie nach Hause bringen«, sagte er zu Doktor Alticcio Rovinastri, und Doktor Alticcio Rovinastri stieg ein.

Langsam fuhr der Wagen an. Vor der Kurve blickte Herr Usuello Basco Freddo in den Rückspiegel.

Aus allen Fenstern seiner Villa schlugen rote Flammen. Der Brand mußte sich mit unglaublicher Schnelligkeit ausgebreitet haben.

War es die Überraschung? Der Schreck? Man weiß es nicht.

Das Auto geriet ins Schleudern, drehte sich um sich selbst und prallte mit voller Wucht gegen eine Mauer.

Doktor Rovinastri riß die Tür auf und stieg aus.

Dann beugte er sich über die Trümmer. Eine schwache Stimme erklang aus dem Wrack.

»Wer weiß, was alles geschehen wäre, wenn wir bei Tisch dreizehn gewesen wären«, sagte Herr Usuello Basco Freddo. »Jedenfalls danke ich Ihnen . . .«

Und Herr Usuello Basco Freddo gab den Geist auf.

Herr Veneranda

Die Fußbremse

Herr Veneranda saß neben dem Fahrer, und der Überlandomnibus begann seine Fahrt auf der vereisten Straße.

»Schlechte Straße«, sagte Herr Veneranda.

»Sehr schlecht«, gab der Fahrer zu.

»Das Fahren auf einer dermaßen vereisten Straße ist gefährlich«, meinte Herr Veneranda weiter.

»Und ob!« bestätigte der Fahrer. »Das Glatteis ist zwei Finger dick.«

»Was geschieht, wenn Sie auf die Fußbremse treten?« fragte Herr Veneranda.

»Dann dreht sich der Wagen, statt zu halten, um sich selbst und landet im Straßengraben«, erwiderte der Fahrer.

»Also ist es besser«, sagte Herr Veneranda, »nicht auf die Fußbremse, sondern auf einen Katzenschwanz zu treten. Landet man im Straßengraben, wenn man auf einen Katzenschwanz tritt?«

»Einen Katzenschwanz? Nein. Man fährt nur in den Graben, wenn man die Fußbremse bedient«, sagte der Fahrer.

Herr Veneranda sah nach, wo der Fahrer die Füße hatte.

»Verzeihen Sie«, sagte Herr Veneranda, »ich kann gar keinen Katzenschwanz entdecken.«

»Wo sollten denn Katzenschwänze sein?« fragte der erstaunte Fahrer.

»Hier unten, statt der Bremse«, sagte Herr Veneranda. »Denn tritt man auf den Schwanz einer Katze, so fährt man nicht in den Graben. Tritt man dagegen auf die Fußbremse, so stürzt man wohl hinein. Darum verstehe ich nicht, warum man keinen Katzenschwanz an Stelle der Fußbremse anbringt.«

»Aber mit dem Katzenschwanz kann man doch den Wagen nicht anhalten«, stammelte der Fahrer, der nicht mehr recht wußte, was er sagen sollte.

»Mit der Bremse auch nicht. Sie haben es eben selbst gesagt«, entgegnete Herr Veneranda.

»Ich, ich ... Zum Teufel, was meinen Sie eigentlich!« stotterte der völlig verdatterte Fahrer.

»Oh, nichts«, sagte Herr Veneranda. »Es scheint mir nur, daß man, wenn ein Katzenschwanz sicherer ist als die Bremse ...«

Der Fahrer trat auf die Fußbremse, der Überlandomnibus drehte sich um sich selbst und wurde von einem Baum sanft zum Stehen gebracht.

So ein Flegel!

Herr Veneranda hielt eine Dame auf der Straße an.

»Gestatten Sie«, sagte Herr Veneranda zu der Dame. »Ich bin soeben von Venedig zurückgekommen.«

»So?« sagte die Dame. »Ich danke Ihnen für die Mitteilung. Aber was geht mich das an?«

»Geht Sie das wirklich nichts an?« fragte Herr Veneranda und tat sehr gespannt.

»Ganz und gar nichts«, erwiderte die Dame.

»Und jetzt?« fragte Herr Veneranda, indem er der Dame auf den Fuß trat. »Geht Sie die Tatsache, daß ich aus Venedig zurück bin, immer noch nichts an?«

»Autsch«, schrie die Dame und machte einen Satz zurück. »Was sind das für Manieren! Was erlauben Sie sich eigentlich?«

»Sehen Sie?« sagte Herr Veneranda, ohne sich aus der Ruhe bringen zu lassen. »Wenn ich nicht von Venedig zurückgekommen wäre, hätte ich Ihnen nicht auf den Fuß treten können, oder? Oder glauben Sie, daß ich, wenn ich noch in Venedig wäre, Ihnen hier in Mailand auf den Fuß hätte treten können?«

»Sie unverschämter Flegel!« rief die Dame wütend.

»Wie Sie meinen«, sagte Herr Veneranda. »Aber von Venedig aus hätte ich Ihnen nicht auf den Fuß treten können, wenn ich auch tausendmal flegelhafter wäre, als ich tatsächlich bin. Nicht einmal der Weltmeister der Flegel kann, wenn er in Venedig ist, einer Dame in Mailand auf den Fuß treten.«

»Ich weiß nicht ...« stammelte die Dame verwirrt und tief gekränkt.

»Sie wissen es nicht«, sagte Herr Veneranda, »und doch behaupten Sie steif und fest, es gehe Sie nichts an, daß ich von Venedig zurückgekommen

sei. Dabei tut Ihnen der Fuß weh. Sie sind ein Dickkopf. Ja, das sind Sie!«

»Das ist doch die Höhe!« schrie die Dame wütend.

»Schon gut«, sagte Herr Veneranda. »Jetzt bin ich zufriedener. Denn ich lese in Ihren Augen, daß meine Rückkehr Sie doch etwas angeht.«

Und Herr Veneranda warf ihr eine Kußhand zu und ging, sich ständig nach ihr umblickend, davon.

Im Modesalon

Herr Veneranda betrat einen Modesalon.

»Sagen Sie«, fragte Herr Veneranda die Verkäuferin und zeigte auf ein Kleid, »wie sehe ich wohl aus, wenn ich dieses Kleid anziehe?«

»Dieses Kleid?« fragte die Verkäuferin verblüfft und zeigte auf das Kleid.

»Ja, gerade dieses«, bestätigte Herr Veneranda.

»Aber das ist doch ein Damenkleid«, sagte die Verkäuferin überrascht.

»Das sehe ich auch«, sagte Herr Veneranda. »Ich sehe es genausogut wie Sie. Aber ich habe Sie gefragt, wie ich aussehen würde, wenn ich dieses Kleid anhätte.«

»Schlecht!« antwortete die Verkäuferin, die nicht recht wußte, was sie sagen sollte.

»Aber es wäre doch wohl nur eine vorübergehende Sache, oder müßte ich zum Arzt gehen?« fragte Herr Veneranda und machte ein sorgenvolles Gesicht.

»Zu wem?«

»Zum Arzt«, wiederholte Herr Veneranda.

»Wieso?« fragte die ziemlich verwirrte Verkäuferin.

»Was heißt wieso?« fragte Herr Veneranda. »Um mich untersuchen zu lassen. Sie haben gesagt, daß ich in diesem Kleid schlecht aussehe. Es wird schon so sein, wie Sie sagen; aber ich hätte nie gedacht, daß ich, wenn ich ein solches Kleid anziehen würde, die Grippe oder eine andere Krankheit bekäme.«

»Die Grippe?« fragte die Verkäuferin, die nicht mehr mitkommen konnte. »Die Grippe, wenn Sie dieses Kleid anziehen?«

»Ich weiß es nicht, *Sie* haben es doch gesagt«, sagte Herr Veneranda, »übrigens versichere ich Ihnen, daß ich keineswegs beabsichtige, das Kleid anzuziehen.«

»Das möchte ich auch meinen!« sagte das Fräulein erleichtert.

»Sie können beruhigt sein«, erwiderte Herr Veneranda, »daß ich sehr auf meine Gesundheit achte. Ich gehe nicht gern zum Arzt.«

Und Herr Veneranda grüßte und ging ruhig seiner Wege.

Das Mottenpulver

Herr Veneranda ging in eine Drogerie.

»Verzeihung«, fragte Herr Veneranda den Drogisten, »haben Sie etwas, um Wolle vor Motten zu schützen?«

»Gewiß«, sagte der Drogist, »wir haben Mottenpulver. Ich kann es sehr empfehlen.«

»Ausgezeichnet!« sagte Herr Veneranda. »Dann geben Sie mir bitte zwei Strang Wolle.«

»Wie bitte?« fragte der Drogist, der glaubte, falsch verstanden zu haben.

»Geben Sie mir«, wiederholte Herr Veneranda, »zwei Strang Wolle.«

»Aber wollten Sie denn nicht Mottenpulver?« fragte der Drogist verwundert.

»Ich möchte vor allen Dingen Wolle«, sagte Herr Veneranda, »ich kann doch nicht mit Mottenpulver stricken. Stricken Sie mit Mottenpulver?«

»Aber«, stotterte der Drogist, »Sie haben mich um etwas gebeten, das Wolle vor Motten schützt.«

»Welche Wolle?« fragte Herr Veneranda. »Können sie mir sagen, welche Wolle ich vor Motten schützen soll? Wenn ich Wolle vor Motten schützen soll, so geben Sie mir doch Wolle!«

»Ich verkaufe keine Wolle, ich verkaufe Mottenpulver«, sagte der Drogist.

»Und ich kann kein Mottenpulver kaufen, wenn ich keine Wolle habe«, sagte Herr Veneranda. »Sie verkaufen Sachen, die zu nichts nütze sind. Das

heißt, daß ich die Wolle in einem anderen Geschäft kaufen muß. Geben Sie mir also Motten.«

»Was?« fragte der Drogist verblüfft.

»Motten«, sagte Herr Veneranda, »jetzt wollen Sie mir doch nicht sagen, daß Sie auch keine Motten haben. Wozu sind Sie überhaupt da? Scheren Sie sich zum Teufel!«

Und Herr Veneranda verließ das Geschäft und warf schimpfend die Tür zu.

Das Bügeleisen

Herr Veneranda ließ den Elektriker hereinkommen, den er kurz zuvor bestellt hatte, und zeigte ihm das Bügeleisen.

»Das werden wir gleich haben«, sagte der Elektriker, während er das Bügeleisen von allen Seiten betrachtete. »Was ist denn damit los?«

»Es ist elektrisch«, sagte Herr Veneranda.

»Das sehe ich«, sagte der Elektriker, »aber was ist denn damit los? Ist es kaputt?«

»Nein«, sagte Herr Veneranda, »wenn ich es am Stecker anschließe, funktioniert es ausgezeichnet. Schließe ich es nicht an, so funktioniert es nicht. Allerdings schließe ich es nie am Stecker an.«

»Und warum nicht?« fragte der Elektriker erstaunt.

»Also gut, wenn Sie wollen, daß ich es am Stecker anschließe, so schließe ich es an, aber wozu?«

»Wozu? Zum Bügeln!« rief der Elektriker. »Das Bügeleisen ist zum Bügeln da.«

»Das weiß ich«, sagte Herr Veneranda. »Aber um was zu bügeln? Haben Sie etwas zum Bügeln mitgebracht?«

»Ich nicht«, stotterte der Elektriker, der nicht mehr recht wußte, was er sagen sollte.

»Warum wollen Sie denn ausgerechnet jetzt das Bügeleisen am Stecker anschließen, da weder Sie noch ich ausgerechnet jetzt etwas zu bügeln haben?«

»Um zu sehen, ob es kaputt ist«, stotterte der Elektriker.

»Es ist nicht kaputt«, erwiderte Herr Veneranda.

»Dann schließen sie es eben nicht an«, schrie der Elektriker, der die Geduld verlor.

»Natürlich schließe ich es nicht an!« brüllte Herr Veneranda. »Seit einer geschlagenen halben Stunde erkläre ich Ihnen, daß ich es nicht anschließe, und nun fangen Sie zu schreien an, weil ich es nicht anschließe. Sie sind mir aber einer!«

»Verzeihung«, stotterte der Elektriker, sich zur Ruhe zwingend.

»Dürfte ich vielleicht wissen, warum Sie mich gerufen haben?«

»Sind Sie Elektriker?« fragte Herr Veneranda.

»Ich? Ja.«

»Und ist dieses Bügeleisen elektrisch?«

»Es ist elektrisch«, bestätigte der Elektriker.

»Wen hätte ich also, wenn das Bügeleisen elektrisch ist, nach Ihrer Meinung rufen sollen? Den Anstreicher?«

»Nein, aber ...« stotterte der Elektriker, dem es die Sprache verschlug.

»Hören Sie«, sagte Herr Veneranda, »wahrscheinlich sind Sie heute ein bißchen zerstreut. Es ist besser, daß Sie ein andermal wiederkommen. Da das Bügeleisen nicht kaputt ist, kann ich warten.«

Und er brachte den Elektriker zur Tür und bat ihn, übermorgen wiederzukommen.

Das Pferd kann es nicht

Herr Veneranda ging in ein Tapeziergeschäft.

»Sie wünschen?« fragte der Tapezierer Herrn Veneranda.

»Ich möchte gerne mein Eßzimmer tapezieren lassen«, sagte Herr Veneranda, »das Pferd kann es nicht.«

»Wie bitte?« fragte der Geschäftsinhaber, der nicht richtig gehört zu haben glaubte.

»Ich habe gesagt«, wiederholte Herr Veneranda, »daß ich gerne mein Eßzimmer tapezieren lassen möchte.«

»Aber Sie haben hinzugefügt: ›Das Pferd kann es

nicht‹«, stammelte der Tapezierer. »Ich habe Sie wohl nicht richtig verstanden?«

»Sie haben ausgezeichnet verstanden«, sagte Herr Veneranda. »Das Pferd kann es in der Tat nicht. Glauben Sie, daß ein Pferd mein Eßzimmer tapezieren könnte?«

»Nein, aber ...« stammelte der Tapezierer, der nicht wußte, was er sagen sollte.

»Was heißt aber?« fragte Herr Veneranda. »Wenn ein Pferd mein Eßzimmer tapezieren könnte, so würde ich zu einem Pferd gehen. Da es das aber nicht kann, komme ich zu Ihnen, einem Tapezierer, dessen Beruf Tapezieren ist. Sollte ich nach Ihrer Ansicht mein Eßzimmer von einem Pferd tapezieren lassen?«

»Aber was hat denn das Pferd damit zu tun?« stotterte der Tapezierer verwirrt.

»Eben das meine ich auch«, sagte Herr Veneranda, »was hat das Pferd damit zu tun? Pferde haben überhaupt nichts mit Tapezieren zu tun.«

»Soll ich Ihnen also das Eßzimmer tapezieren?«

»Ganz wie Sie es für richtig halten«, sagte Herr Veneranda. »Wenn Sie selbst kommen wollen, so kommen Sie. Wenn Sie mir ein Pferd schicken wollen, so schicken Sie es ruhig. Allerdings auf Ihre eigene Verantwortung. Ich möchte, daß die Arbeit gut ausgeführt wird. Abgemacht?«

Und Herr Veneranda grüßte und ließ den Ladenbesitzer ziemlich unschlüssig zurück.

Ein dreister Kunde

Herr Veneranda trat in einen Kurzwarenladen und verlangte von der Verkäuferin, die ihm entgegenkam, ein Taschentuch.

»Was für ein Taschentuch möchten Sie haben?« erkundigte sich die Verkäuferin, nahm einige Schachteln von den Regalen und zeigte verschiedene Arten von Taschentüchern.

»Irgendein Taschentuch«, sagte Herr Veneranda.

Er nahm ein Taschentuch aus der Schachtel, faltete es auseinander, putzte sich die Nase und gab es der Verkäuferin zurück.

»Aber ...« stammelte die Verkäuferin verlegen.

»Was heißt aber?« fragte Herr Veneranda.

»Sie haben es benutzt«, sagte die Verkäuferin und nahm das Taschentuch vorsichtig zwischen zwei Finger. »Sie haben das Taschentuch benutzt, um sich die Nase zu putzen!«

»Was hätte ich mir denn mit dem Taschentuch putzen sollen? Vielleicht die Ohren?« fragte Herr Veneranda verwundert. »Was putzen *Sie* sich mit Taschentüchern?«

»Die Nase«, stotterte die Verkäuferin. »Aber jetzt müssen Sie das Taschentuch auch kaufen.«

»Warum sollte ich Taschentücher kaufen? Ich brauche keine«, sagte Herr Veneranda.

»Wieso nicht? Sie haben doch ein Taschentuch verlangt«, sagte die Verkäuferin.

»Gewiß, aber nur, um mir die Nase zu putzen«,

sagte Herr Veneranda. »Was machen Sie denn mit Taschentüchern?«

»Ich verkaufe sie«, sagte die Verkäuferin.

»Ausgezeichnet«, erwiderte Herr Veneranda. »Man sieht, daß Sie es nicht nötig haben, sich die Nase zu putzen. Aber entschuldigen Sie die indiskrete Frage: Wenn Sie die Taschentücher verkaufen und sich doch einmal die Nase putzen müssen, womit machen Sie es dann?«

»Ich ... ich ...« stammelte die Verkäuferin, die nicht mehr wußte, was sie sagen sollte.

»Wollen Sie es mir nicht verraten? Dann eben nicht«, sagte Herr Veneranda. »Übrigens will ich es nicht unbedingt wissen. Putzen Sie sich nur die Nase, womit Sie wollen. Auf Wiedersehen!«

Und Herr Veneranda kehrte der Verkäuferin den Rücken und verließ den Laden.

Der Hausschlüssel

Herr Veneranda blieb vor einer Haustür stehen, betrachtete die dunklen geschlossenen Fensterläden und pfiff mehrmals, als wolle er jemanden rufen.

An einem Fenster des dritten Stockes erschien ein Herr.

»Haben Sie keinen Schlüssel?« schrie der Herr, um sich verständlich zu machen.

»Nein, ich habe keinen Schlüssel!« schrie Herr Veneranda.

»Ist die Haustür zugeschlossen?« schrie der Herr am Fenster wieder.

»Ja, sie ist zu«, antwortete Herr Veneranda.

»Dann werfe ich Ihnen den Schlüssel hinunter.«

»Wozu?« fragte Herr Veneranda.

»Um die Haustür aufzuschließen«, erwiderte der Herr am Fenster.

»Also gut«, schrie Herr Veneranda. »Wenn Sie wollen, daß ich die Haustür aufschließe, dann werfen Sie mir nur den Schlüssel herunter.«

»Aber müssen Sie denn nicht herein?«

»Ich? Nein. Wozu auch?«

»Wohnen Sie denn nicht hier?« fragte der Herr am Fenster, der nicht mehr recht mitkam.

»Ich? Nein!« schrie Herr Veneranda zurück.

»Und warum wollen Sie dann den Schlüssel?«

»Wenn Sie wollen, daß ich die Tür aufschließe, muß ich sie doch mit dem Schlüssel aufschließen. Glauben Sie, ich könnte es mit einer Pfeife?«

»Ich will gar nicht, daß die Tür aufgemacht wird«, rief der Herr am Fenster. »Ich meinte, Sie wohnten hier. Ich hörte Sie pfeifen.«

»Pfeifen denn alle, die hier im Haus wohnen?« erkundigte sich Herr Veneranda lauthals.

»Nur wenn sie keinen Schlüssel haben«, antwortete der Herr oben am Fenster.

»Ich habe keinen Schlüssel«, schrie Herr Veneranda.

»Dürfte ich vielleicht wissen, was diese Schreierei zu bedeuten hat? Man kann dabei kein Auge zutun«, brüllte ein Herr, der sich an einem Fenster des ersten Stockes zeigte.

»Wir schreien, weil sich der Herr dort im dritten Stock befindet und ich auf der Straße stehe«, sagte Herr Veneranda. »Wenn wir leise sprechen, können wir uns nicht verständigen.«

»Aber was wollen Sie denn?« fragte der Herr, der im ersten Stock am Fenster stand.

»Das müssen Sie den Herrn im dritten Stock fragen«, sagte Herr Veneranda. »Ich habe es noch nicht herausbekommen. Zuerst will er mir den Hausschlüssel herunterwerfen, damit ich die Haustür aufschließe, dann will er wieder nicht, daß ich die Haustür aufschließe, dann sagt er, daß ich, wenn ich pfeife, in diesem Haus wohnen müsse. Kurzum, ich habe es noch nicht herausbekommen. Pfeifen Sie übrigens?«

»Ich? Nein. Wieso sollte ich pfeifen?« fragte der Herr am Fenster des ersten Stockes.

»Weil Sie in diesem Haus wohnen«, sagte Herr Veneranda. »Der Herr im dritten Stock hat gesagt, daß die Leute, die in diesem Haus wohnen, pfeifen. Mir ist es jedenfalls einerlei. Meinetwegen können Sie ruhig pfeifen.«

Herr Veneranda verabschiedete sich mit einer leichten Verbeugung, ging seines Weges und murmelte vor sich hin, daß dies bestimmt eine Art Irrenanstalt sein müsse.

Im Porzellanladen

Herr Veneranda ging in ein Porzellangeschäft.

»Verzeihung«, fragte er die Verkäuferin, die ihm entgegenkam, »verkaufen Sie Porzellan?«

»Gewiß«, erwiderte die Verkäuferin, »verkaufen wir Porzellan.«

»Und machen Sie nichts kaputt?« fragte Herr Veneranda.

»Wie bitte?« fragte die Verkäuferin, die glaubte, nicht recht gehört zu haben.

»Ich fragte, ob Sie nichts kaputt machen«, wiederholte Herr Veneranda.

»Ich nicht«, sagte die Verkäuferin lächelnd.

»Ist es denn unzerbrechlich?« fragte Herr Veneranda.

»Nein«, sagte die Verkäuferin, »unzerbrechlich ist es nicht. Es kann kaputtgehen.«

»Aber *Sie* machen nichts kaputt«, insistierte Herr Veneranda, »das ist ja großartig! Es ist nicht unzerbrechlich, und wenn Sie es fallen lassen, geht es nicht kaputt. Wieso? Sind Sie so befreundet miteinander?«

»Aber nein«, stotterte die Verkäuferin, die anfing, die Fassung zu verlieren, »wenn ich es fallen lasse, geht es natürlich kaputt. Aber ich lasse es nie fallen.«

»Wenn es aber unzerbrechlich wäre, dann würden Sie es fallen lassen?« fragte Herr Veneranda beharrlich.

»Ja... wenn es unzerbrechlich wäre... vielleicht«, stotterte die Verkäuferin.

»Verzeihung. Wenn Sie es nicht fallen lassen, wie können Sie dann wissen, daß es nicht kaputtgeht?« sagte Herr Veneranda. »Wenn man wissen will, ob es kaputtgeht oder nicht, muß man es fallen lassen. Was aber, wenn es kaputtgeht?«

»Eben«, sagte die Verkäuferin.

»Na also«, sagte Herr Veneranda. »Denken Sie inzwischen darüber nach. Ich komme morgen wieder, weil ich jetzt keine Zeit habe, darauf zu warten.«

Und Herr Veneranda ging, nachdem er sehr höflich gegrüßt hatte.

Das kann jedem passieren

Die Repräsentiertasse

Das Kaffeeservice befindet sich im Hause von Tante Karoline an einem sicheren Ort.

Wir schauten es uns nur ganz selten an, wenn wir in uns den brennenden Wunsch verspürten, ein Kunstwerk zu bewundern.

Dann warteten wir, bis keiner mehr im Hause war. Wenn Tante Karoline einkaufen ging und es sicher war, daß sie lange genug fortblieb.

Auf Zehenspitzen schlichen wir in das dunkle Zimmer, öffneten vorsichtig den Schrank und schlugen die schön zusammengelegten Decken zurück, unter denen die Pappschachtel zum Vorschein kam.

Wir betrachteten sie eine Weile und nahmen dann den Deckel ab.

Auf Holzwolle gebettet, in Seidenpapier gewikkelt lagen da die Teile des Services. Wir nahmen mit angehaltenem Atem eines heraus, entfernten das Papier, und die Tasse erschien in ihrer strahlenden Schönheit. Es waren feinste weiße Porzellantassen mit vielen blauen Blümchen. Äußerst zerbrechlich.

Das Service war ein Hochzeitsgeschenk Tante Karolines.

Als sie es erhielt, so erzählte uns Onkel August, sei Tante Karoline vom Anblick ganz entzückt gewesen. Das ganze Service mit allen zwölf Tassen, den zwölf Untertassen und der Zuckerdose sei auf dem großen Tisch im Eßzimmer aufgestellt worden.

Schließlich hatte sie die Teile wieder in Seidenpapier gewickelt und sorgfältig in den Karton gelegt, den sie im sichersten Winkel des Schlafzimmerschrankes verbarg.

Seit damals hat niemand mehr das vollständige Service gesehen.

Tante Karoline sprach von ihrem Kaffeeservice wie von einer seltenen Kostbarkeit.

Und wenn jemand kam, servierte sie den Kaffee in den gewöhnlichen Tassen, armseligen Drei-Groschen-Tassen mit abgestoßenen Rändern.

»Entschuldigt«, sagte sie, »aber unser Service ist so fein, daß ich Angst habe, es könnte ein Stück zerbrechen. Und Einzelteile sind nicht mehr erhältlich.«

Sie ging ins Schlafzimmer, öffnete den Schrank, nahm eine Tasse und eine Untertasse heraus und kam dann zurück, um sie den Gästen zu zeigen.

Sie stellte Tasse und Untertasse überaus behutsam auf den Tisch, und alle betrachteten sie voll Bewunderung. Gelegentlich wagte ein Gast, die Tasse in die Hand zu nehmen und sie umzudrehen, damit er die Marke erkennen konnte.

»Rosenthal«, sagte er.

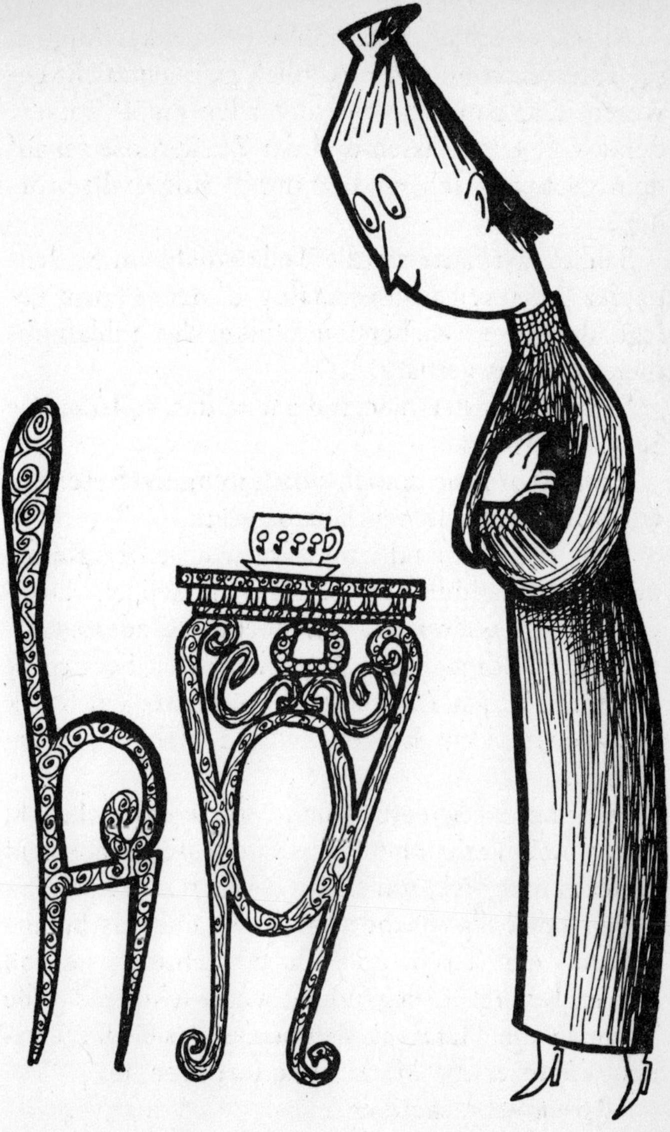

Dann hielt Tante Karoline den Atem an, ergriff schnellstens die Tasse und trug sie wieder in den sicheren Schlupfwinkel.

Es war immer dieselbe Tasse, die den Gästen gezeigt wurde; die oberste, gleich wenn man die Schachtel öffnete.

Die Repräsentiertasse. Und vor dieser immer leerbleibenden Tasse saßen die Gäste und schlürften den Kaffee aus den Drei-Groschen-Tassen mit den abgestoßenen Rändern.

Dennoch schien das ganze Service dazustehen.

Darum warteten wir, bis das Haus verlassen war, um von Zeit zu Zeit den Schrank zu durchstöbern und dieses Wunder, dieses Meisterwerk zu betrachten, das Tante Karoline wie eine Reliquie hütete.

Natürlich sollten wir uns von diesem zerbrechlichen Familienmonument fernhalten. Nach Tante Karolines Ansicht könnte allein unsere Nähe im Umkreis von einem Meter bereits katastrophale Folgen haben.

Für uns war diese Tasse ein unerreichbarer Traum. Wir durften sie nur aus der Ferne sehen, eigentlich mehr ahnen als sehen. Und jedesmal verspürten wir den Wunsch, sie in die Hand zu nehmen, sie zu streicheln, ihre Durchsichtigkeit zu bewundern, wie es Tante Karoline immer tat, wenn sie die Tasse vor den Augen der Gäste gegen das Fenster hielt.

Aber es war verboten, denn wir waren Vandalen: Wir machten doch nur alles kaputt, was uns in die Hände fiel.

Darum nützten wir die Augenblicke aus, da das Haus leer war, um auf Zehenspitzen in das Schlafzimmer zu schleichen, den Schrank zu öffnen, die Repräsentiertasse aus der Schachtel zu nehmen und sie in die Sonnenstrahlen zu halten, die durch den geschlossenen Fensterladen hereinfielen.

Da schillerte die Tasse in blauen und rosa Reflexen, und die gemalten Blümchen schienen zu leben. Die Sonnenstrahlen füllten die Tasse mit goldenem Staub.

Ich führte sie an die Lippen, schlürfte langsam und glaubte zu fühlen, wie die Sonnenwärme in meinem Munde schmolz.

Eines bösen Tages geschah ein nicht wiedergutzumachendes Unglück.

Die Tasse glitt mir aus den Händen, fiel auf den Boden und zersprang in tausend Stücke.

Fassungslos stand ich vor dem Unglück. Dann las ich die Stücke eines nach dem anderen auf und wickelte sie in das Seidenpapier. Das Scherbenpäckchen steckte ich ganz unten in die Schachtel, holte von dort eine neue Tasse herauf und legte sie oben mitten auf die Holzwolle.

Nun war alles in Ordnung. Tante Karoline würde nichts merken. Ich verbrachte einige Tage klopfenden Herzens. Schließlich kam eine Verwandte, und Tante Karoline begann von dem Kaffeeservice zu reden.

Mein Herz schlug mir zum Zerspringen. Tante Karoline huschte ins Schlafzimmer, und ich wartete auf ihre Rückkehr wie auf das Jüngste Gericht.

Endlich erschien Tante Karoline über das ganze Gesicht lächelnd mit der Tasse. Ich stieß einen Seufzer der Erleichterung aus.

Sie hatte nichts bemerkt. Und von da an stöberte ich nie mehr im Schrank, und das Kaffeeservice Tante Karolines blieb ungestört in seinem sicheren Versteck.

Ich hatte das Unglück vergessen. Die Tasse, die meine Tante den Gästen vorzeigte, war immer diejenige, welche ihr als erste in die Hände fiel.

Aber lange Zeit danach vertraute sich mir meine Kusine an. Sie war ganz außer sich vor Entsetzen. »Ich habe eine Tasse zerbrochen«, sagte sie, »eine Tasse von Tante Karolines Service. Von dem im Schlafzimmer. Ich habe der Versuchung nicht widerstehen können, es anzuschauen. Sie ist mir, ich weiß nicht wie, aus den Händen geglitten. Die Scherben habe ich in das Seidenpapier gewickelt und ganz zuunterst in die Schachtel gelegt. Wenn Tante nicht das vollständige Service herausnimmt, wird sie es nicht merken.«

Wir baten Gott, daß die Tante nicht das vollständige Service herausnehmen möge, und tatsächlich schien er uns erhört zu haben. Lange Zeit danach wurde ich von meinem Bruder und von meinem Vetter ins Vertrauen gezogen.

Eine Tasse hatte mein Bruder zerbrochen, mein

Vetter deren zwei. Wir rechneten zusammen. Fünf Tassen waren zerschlagen; aber waren es wirklich nur fünf?

Im Garten hielten wir Kriegsrat. Alle waren wir anwesend, das heißt, zu acht: Geschwister, Vettern und Kusinen. Wir zählten die zerschlagenen Tassen zusammen. Waren es neun oder zehn?

Wir wußten es nicht genau. Wie konnten wir es nach soviel Jahren noch genau wissen?

Darum schickten wir einen von uns eines Tages, als die Tante nicht zu Hause war, zur Kontrolle hin.

Er kam zurück und meldete, daß an heilen Tassen nur noch zwei vorhanden gewesen seien; vor kurzem wenigstens. Eine jedoch habe er, mit der Hand im Dunkeln tastend, zerbrochen.

Nun besitzt das kostbare Porzellanservice nur noch eine einzige Tasse; aber Tante Karoline weiß es nicht.

Sie glaubt, daß in der Schachtel noch alle zwölf Tassen unversehrt seien.

Wenn Gäste kommen, geht sie ins Schlafzimmer und kommt mit der kostbaren Reliquie in der Hand zurück, hält sie gegen das Licht und ist ganz glücklich, wenn sie die bewundernden Ausrufe und Komplimente der Besucher hört.

»Es ist zu fein zum Gebrauch. Wenn ein Stück von diesem Service zerbräche, wäre es ruiniert.«

Man trinkt Kaffee aus den alten abgestoßenen Drei-Groschen-Tassen, und die Repäsentiertasse steht wegen des schönen Anblicks auf dem Tisch.

Inzwischen sind wir ein gutes Stück gewachsen. Aber wenn wir sehen, wie Tante Karoline ins Schlafzimmer geht, um die Repräsentiertasse zu holen, schlägt uns das Herz zum Zerspringen, und wir beten inständig, daß ihr die Tasse nicht aus der Hand fallen möge.

Wir gehen mit ihr. Das Herz steht uns fast still. Wir mahnen sie zu größter Vorsicht. Ja, wir sind bereit vorzuschnellen, falls die Tasse schwanken sollte, um sie zu ergreifen und vor dem Zerbrechen zu bewahren.

Und Tante Karoline ist uns für diese Aufmerksamkeit dankbar.

Sie wünscht sich, daß wir ihrem Kaffeeservice auch nach ihrem Tode solche Sorgfalt angedeihen lassen.

Nachtfahrt

Ich saß an einem Tisch im Restaurant. Der Teller vor mir war groß, und genau in der Mitte lag ein kleines Beefsteak. Ich hielt den Teller in beiden Händen, und da ich eine Kurve nehmen mußte, steuerte ich ein wenig nach rechts, drückte mit der Linken auf das Beefsteak, hörte aber keinen Ton. Dann schlug ich mit der Gabel gegen das leere Glas.

Auf halber Höhe der Kurve drückte ich auf das

Gaspedal und fühlte unter meinem Fuß die Nase des unter dem Tisch liegenden Ermordeten.

Da hatte ich den Eindruck, daß jemand mir die Hand auf die rechte Schulter legte.

»He!« rief eine Stimme, und jäh verschwand das Restaurant: Vor mir erblickte ich die nächtlich dunkle Straße und den Scheinwerferstreifen des Autos, das ich steuerte.

»Wie weit sind wir?« fragte Enrico, der neben mir saß.

»Das Verbrechen ist gerade entdeckt«, sagte ich, »und in diesem Augenblick kommt Kommissar Maigret herein.«

»Ich meine, wie weit sind wir auf der Straße«, sagte Enrico, »wieviel Kilometer müssen wir noch fahren?«

Nun wurde ich ganz wach. Wir befanden uns auf der Autobahn Turin–Mailand. Wir mußten ungefähr dreißig Kilometer zurückgelegt haben. Ich erinnerte mich kaum an die gerade dunkle Straße, die kleinen weißen Prellsteine, die Scheinwerfer der vereinzelten Autos.

»Erst?« sagte Enrico. »Ich dachte, ich hätte mindestens eine Stunde geschlafen.«

»Ich auch«, sagte ich.

»Du auch?« schrie Enrico und richtete sich kerzengerade auf.

»Ich erinnere mich, daß es mir nicht gelang, die Augen offenzuhalten«, sagte ich. »Dann befand ich mich an einem Tisch im Restaurant und hatte an

Stelle des Steuers einen Teller in der Hand, auf dem genau in der Mitte ein kleines Beefsteak war, die Hupe. Es handelte sich um eine Geschichte von Simenon, die ich gestern abend gelesen habe. Wahrhaftig trat ich statt auf das Gaspedal auf die Nase des Ermordeten. Trotzdem fuhr das Auto. Du hast mich gerade geweckt, als die Gestalt des Kommissars Maigret eintrat. Die typische, massive Gestalt des berühmten Detektivs.«

»Halt an!« rief Enrico beeindruckt.

Ich fuhr langsamer und blieb am Straßenrand stehen.

»Wir sind einer großen Gefahr entronnen«, sagte Enrico. »Ich fühle mich völlig sicher und überlasse mich dem Schlaf, während du einschläfst, als befändest du dich im festen Bett eines Zimmers und nicht am Steuer eines Autos, das mit beinahe hundert Stundenkilometern dahinrast.«

»Also hast du auch geschlafen!« sagte ich.

»Aber ich steuere keinen Wagen! Wenn ich einen Wagen steuere, schlafe ich nicht ein. Mir läuft es kalt über den Rücken!«

»Los!« sagte ich. »Nimm du das Steuer, damit ich ein Nickerchen machen kann.«

Ich stieg aus und überließ Enrico meinen Platz am Steuer. Ich setzte mich neben ihn und richtete mich zum Schlafen ein. Wir fuhren weiter.

Aber nun war ich nicht mehr schläfrig. Ich schloß die Augen, schlug sie jedoch kurz danach bei einem Bremsen wieder auf, schloß sie von neuem und

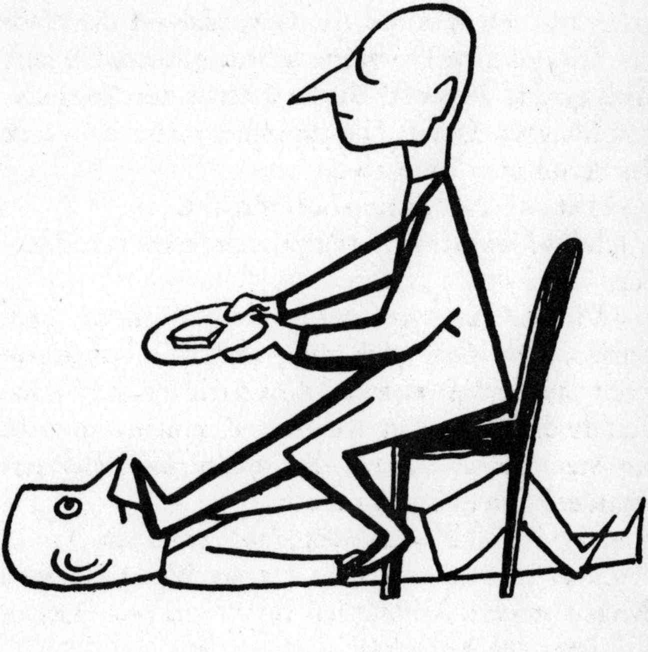

schlug sie bei einem Gehupe nochmals auf. Enrico steuerte sicher und schweigend. Ich sah sein unbewegliches Profil, fast allzu unbeweglich.

Ich richtete mich auf und begann zu pfeifen. Enricos Profil rührte sich, und das Auto fuhr schneller. Ich streckte mich wieder aus und schloß die Augen. Der Wagen fuhr etwas langsamer, dann beschleunigte sich mit einem Ruck das Tempo.

»Wir haben weitere fünfzehn Kilometer hinter uns«, sagte ich.

Enrico machte eine brüske Bewegung, der Wagen kam etwas ins Schleudern, fing sich aber wieder.

»Du hast mich erschreckt«, sagte Enrico. »Du mußt nicht so plötzlich und laut reden, wenn andere Leute schlafen.«

»Wer schläft?« fragte ich.

»Zweiunddreißig«, sagte Enrico, »wer hilft mir die Zentralheizung wegrücken?«

»Was für eine Zentralheizung?« fragte ich.

Enrico antwortete nicht und begann zu schnarchen.

Also stieß ich ihn an. Enrico schrak auf, der Wagen machte erneut einen Ruck, fing sich aber wieder.

»Was ist denn los?«

»Schläfst du?« sagte ich.

»Wer?«

»Du«, sagte ich.

»Es fällt mir überhaupt nicht im Traum ein zu schlafen«, sagte Enrico.

»Du hast gesagt ›zweiunddreißig‹ und dann ›wer hilft mir die Zentralheizung wegrücken‹.«

»Ganz ausgeschlossen, daß ich solche Dummheiten gesagt habe.«

»Du hast die Angewohnheit, im Schlaf zu reden«, sagte ich, »und außerdem hast du geschnarcht.«

»Wahrscheinlich fuhr eine Zentralheizung vor uns her«, sagte Enrico, »und ließ mich nicht vorbei.«

»Es ist unmöglich, daß eine Zentralheizung mitten in der Nacht auf der Autobahn herumfährt. Halt an!«

Der Wagen fuhr langsamer und blieb bei einem Prellstein stehen.

»Jetzt steuere ich«, sagte ich, »mein Schlaf ist völlig verflogen.«

Ich nahm das Steuer, und Enrico setzte sich neben mich.

»Wir haben wieder zwanzig Kilometer hinter uns«, sagte ich.

»Das kann nicht sein«, sagte Enrico. »Wenn du behauptest, daß wir wieder zwanzig Kilometer hinter uns haben, dann habe ich tatsächlich geschlafen. War wirklich keine Zentralheizung vor uns?«

»Wirklich nicht«, sagte ich, »ich weiß es genau, denn mein Schlaf ist völlig verflogen.«

Ein Luftzug kam durchs Fenster herein, die kühle Nachtluft. Ich drehte das Fenster hoch, und das Motorengeräusch änderte den Ton. Es glich einem sanften Rhythmus, einem Heiapopeia.

Das Scheinwerferlicht glitt über den Asphalt, und am Straßenrand zogen sich die Reihen der weißen Prellsteine hin. Zwei Reihen, an jeder Seite eine.

Sie kamen dem Wagen entgegen, verschwanden an beiden Seiten.

Auf einmal sprang ein Prellstein mitten auf die Straße. Ich bremste, fuhr aber gleich weiter.

»Jetzt fangen auch schon die Prellsteine damit an«, sagte ich.

»Womit?« fragte Enrico.

»Mitten auf die Straße zu springen.«

»Du bist sicher wieder eingeschlafen«, sagte Enrico. »Kein einziger Prellstein ist mitten auf die Straße gesprungen. Ich habe nur eine Katze gesehen, die sie überquerte.«

»Mein Schlaf ist völlig verflogen«, sagte ich. ›Und doch kehrt er zurück‹, dachte ich.

Aber ich hatte keinen Teller mit einem Beefsteak mehr in der Hand.

Wahrscheinlich hatte ich Simenons Roman schon vergessen.

Von Zeit zu Zeit wichen die Prellsteine von der Straße ab, viele Kinder standen am Straßenrand, und eines winkte mit einem Taschentuch, mit irgend etwas, aber es waren nur Schattenspiele.

Eine Baumgruppe bildete einen dunklen Fleck in der Finsternis der Nacht.

Von Zeit zu Zeit eine Lampe, ein Auto, das uns mit unabgeblendeten Scheinwerfern kreuzte, die Anstrengung, die Lider aufzuhalten . . .

Dann wieder Nacht. Die Prellsteine waren hohle weiße Zähne.

Ich legte den Finger auf meine Backe. Ich fühlte das Zahnfleisch.

Ich fühlte eine Hand, die mich an der Schulter schüttelte.

»Warum möchtest du eine Zahnbürste?« fragte Enrico.

»Ich?« fragte ich verwundert. »Ich möchte gar keine Zahnbürste.«

»Eben noch hast du eine verlangt«, sagte Enrico. »Halt an!«

Ich fuhr langsamer und blieb stehen.

Enrico nahm wieder meinen Platz ein, und wir fuhren weiter.

»Seltsam«, sagte ich, »daß der Schlaf, wenn man am Steuer sitzt, unwiderstehlich wird. Wenn ich mich daneben setze, ist er weg. Hast du geschlafen, während ich steuerte?«

»Nein«, sagte Enrico, »ich war nicht schläfrig.«

Wir sangen ein wenig, dann hörte Enrico auf. Ich sah, wie er mehrmals mit dem Kopf nickte, sah, wie er sich zusammenraffte, sich ans Steuer klammerte, sich nach vorn beugte, mühsam aus halbgeschlossenen Lidern starrte.

»Schläfst du?« fragte ich.

Keine Antwort, aber aus seinem Mund kam ein Pfeifen, dann ein Brummen, wieder ein Pfeifen.

Ich klopfte ihm auf die Schulter.

»Laß das, Adele«, sagte Enrico, »ich verstehe

nicht, warum du dir in den Kopf setzt, daß ich schnarche.«

»Ich bin nicht Adele«, sagte ich, »halt an!«

Enrico sagte, er wisse genau, daß ich nicht seine Frau sei. Dann fuhr er langsamer und blieb in einer kleinen Ausbuchtung am rechten Straßenrand stehen.

»Es ist besser, daß wir hier halten, bis uns der Schlaf vergangen ist«, sagte er.

Wir schalteten die Scheinwerfer aus und ließen nur noch das Standlicht brennen. Wir streckten uns auf den Sitzen aus und schlossen die Augen.

Wir hörten die Grillen zirpen, die Frösche quaken. Der Himmel war voller Sterne. Enrico schnaufte.

Ich drehte mich um. Betrachtete die Straße. Die Prellsteine waren am Straßenrand stehengeblieben. Unbeweglich, weiß – einfache Prellsteine.

Enrico drehte sich um und seufzte.

»Schläfst du?« sagte er.

»Nein«, erwiderte ich. »Ich bin nicht mehr schläfrig.«

»Ich auch nicht.«

Wir bemühten uns, die Augen zu schließen. Die Grillen zirpten, die Frösche quakten weiter.

Ich versuchte an den Kommissar Maigret zu denken, tastete mit dem Fuß nach der Nase des Ermordeten unter dem Tisch im Restaurant.

Die Prellsteine standen noch immer still – einwandfreiere Prellsteine denn je, die sich zehn Meter von uns entfernt im nächtlichen Dunkel verloren.

»An Schlaf ist nicht zu denken«, sagte Enrico, »laß uns eine Zigarette anstecken.«

Wir steckten eine Zigarette an, rauchten und sahen uns um.

Dann ließ Enrico den Motor anspringen und fuhr los. Nach zwei Kilometern hielt er wieder.

»Nichts zu machen«, sagte er, »wenn ich steuere, schlafe ich ein.«

Ich versuchte es ebenfalls.

Nach einem Kilometer hielt ich an: Der Schlaf am Steuer wurde übermächtig, und es gelang mir nicht, seiner Herr zu werden.

Also rauchten wir, am Straßenrand parkend. Und lauschten den Grillen und Fröschen, bis der Himmel am Horizont allmählich hell zu werden begann.

Da verscheuchten die leichte Helle und die Morgenkühle den Schlaf endgültig.

Endlich allein

Giorgio kommt mir freudestrahlend und glücklich entgegen.

»Hallo«, sagt er, »wie geht's?«

Ich sage, daß es mir gutgeht, und wundere mich,

weil ich den Eindruck habe, daß es auch ihm im Gegensatz zu sonst außergewöhnlich gut geht. Denn gewöhnlich zieht Giorgio ein Gesicht wie drei Tage Regenwetter und scheint mit sich und aller Welt auf Kriegsfuß zu leben. Diesmal aber spritzt ihm Freude aus Augen und Ohren. Er trägt ein blitzendes Chlorodontlächeln zur Schau, und wenn er nur den Mund öffnet, so sprudelt ein Wortschwall hervor, daß es einem nicht gelingt, irgend etwas von seinem Gestammel zu verstehen.

Dabei war Giorgio für seine Schweigsamkeit bekannt, ja, wir nannten ihn sogar den »Schmollfisch«.

Ich habe also kaum Zeit zu sagen, daß es mir recht gut geht, da überschüttet er mich schon mit seinem Wortschwall. Er sei im Ausland gewesen und gerade erst zurückgekommen. Nach seiner Rückkehr aus dem Ausland sei er jedoch nicht nach Hause gegangen, sondern habe sich auf die Suche nach seiner Familie gemacht, die, während er im Ausland war, in die Berge gefahren sei.

»Alles prima, fabelhaft. Was für eine Luft!« sagt er. »Eine Luft, wie man sie sich überhaupt nicht vorstellen kann. Die tut bestimmt allen gut, wir hatten sie nötig wie das tägliche Brot. Ich bin im Augenblick angekommen und kann es gar nicht erwarten, nach Hause zu gehen.«

»Ich habe dich noch nie so begeistert gesehen bei dem Gedanken, nach Hause zu gehen«, sage ich. »Gewöhnlich bleibst du lieber von zu Hause weg.«

»Wenn die Familie da ist«, sagte er, »aber jetzt, ohne Familie, ist es etwas ganz anderes. Wenn die Familie zu Hause ist, kann ich nicht dort bleiben. Man muß das mitgemacht haben: Eine Tochter ist beim Klavierspielen, die andere beim Lateinlernen, meine Frau beim Wäschesortieren und Patiencelegen, das Dienstmädchen beim Flurschrubben, und ich weiß nicht, wo ich bleiben soll. Und wer ist der Herr im Haus?«

»Du«, sage ich.

»Scheinbar, aber in Wirklichkeit bin ich der letzte, der etwas zu sagen hat. Wer, glaubst du wohl, hat den Gasherd gekauft?«

»Du hast ihn gekauft«, sage ich.

»Natürlich habe ich ihn gekauft«, sagt Giorgio, »aber wehe, wenn ich einen Tropfen Milch auf dem Gasherd verschütte, aber wehe, wenn ich einen Teller kaputt mache! Und wer hat die Teller gekauft? Ich. Und glaubst du vielleicht, ich dürfte über die Teppiche in meinem eigenen Haus gehen?«

»Das darfst du nicht?«

»Nein, denn die Teppiche nutzen sich ab, wenn man darübergeht, also muß ich einen Bogen darum herum machen. Und wer hat die Teppiche gekauft? Ich habe sie gekauft, und ich habe sie gekauft, weil ich gerne auf Teppichen gehe«, sagt Giorgio. »Und jetzt mach das Licht aus, das für nichts und wieder nichts brennt. Und wer bezahlt das Licht? Ich bezahle es. Und leg den Kopf nicht auf den Sessel, sonst wird die Lehne fettig. Und wer hat den Sessel

gekauft? Ich habe ihn gekauft, um bequem zu sitzen und nicht den Kopf aufrecht zu halten, um dann beim Aufstehen einen steifen Hals zu haben. Und wenn ich ins Badezimmer will, kann ich es nicht, denn es ist besetzt, und wenn ich das zweite Programm hören will, wollen die anderen das erste hören. Und wer hat den Radioapparat gekauft, und wer bezahlt die Rundfunkgebühren? Ich. Und wenn ich Grammophon spielen möchte, kann ich es nicht, weil eine Tochter Latein lernt, und wenn ich schlafen möchte, gelingt es mir nicht, weil die andere Klavier übt. Darum halte ich es zu Hause nur schwer aus. Aber jetzt ist es etwas ganz anderes. Jetzt habe ich die Wohnung ganz für mich allein. Sie sind in den Bergen mit der guten Luft, und ich kann mich in meinem Sessel so ausstrecken, wie ich will, und auf dem Bett, auch wenn die seidene Überdecke noch darauf liegt. Ich kann stinkende Zigarren rauchen, die Musik hören, die mir gefällt, meine Getränke trinken und über meine Teppiche gehen. Endlich kann ich mein Haus genießen, das diesmal wirklich mir gehört.«

Giorgio stößt einen Seufzer des Wohlbehagens aus. Er ist ein glücklicher Mensch und möchte, daß ich an seinem Glück teilhabe.

»Komm mit, wir wollen einen Kognak trinken«, sagt er, »und einen Kaffee. Den Kaffee wollen wir absichtlich überkochen lassen, damit das Wasser den Gasherd schmutzig macht. Das ist eine kleine Genugtuung, die ich mir gönnen möchte. Dann gehen wir ein bißchen auf den Teppichen auf und ab und knipsen alle Lampen im Haus an.«

Ich muß wohl oder übel ja sagen, denn Giorgio packt mich beim Arm und läßt mich nicht mehr los.

Wir gelangen zur Haustür, und er steckt den Schlüssel ins Schloß. »Mir kommt es wie ein Paradies vor«, sagt Giorgio, »wirklich eine einladende Stille.«

Er macht die Tür auf und geht hinein. Draußen scheint die Nachmittagssonne, aber drinnen ist es pechschwarz, und Giorgio streckt den Arm nach dem Lichtschalter aus.

Ich höre, wie der Schalter knackst, nochmals knackst und ein drittes Mal knackst. Aber das Dunkel bleibt undurchdringlich.

»Das Licht geht nicht an«, sagt Giorgio, »vielleicht ist die Birne kaputt.«

Giorgio verschwindet im Dunkeln, und ich folge ihm.

Ich höre ihn herumtapsen.

»Ich versuche, das Wohnzimmerlicht anzuknipsen«, sagt er. »Zum Teufel, wo ist denn der Schalter hingekommen?« schreit er kurz darauf.

»Was ist denn los?« frage ich.

»Steck schnell ein Streichholz an«, sagt Giorgio, der sehr aufgeregt und erschrocken zu sein scheint.

Ich finde die Streichholzschachtel und stecke eins an. Ich sehe, daß er einen Haufen Zeug umarmt, das mit einem weißen Bettuch zugedeckt ist.

Wir sehen unter das Bettuch und erblicken zwei

zusammengerollte, verschnürte Matratzen, eine über der anderen.

»Ich glaubte, ich hätte einen dicken Kerl umarmt«, sagt Giorgio und stößt einen Seufzer der Erleichterung aus. »Ich dachte, er sei tot, weil er sich nicht rührte.«

Beim Streichholzschein finden wir den Schalter. Trotzdem geht das Licht im Wohnzimmer nicht an.

»Vielleicht sind die Sicherungen durchgebrannt«, sage ich und gehe nachsehen. »Keine Sicherungen.«

»Was heißt keine?« fragt Giorgio.

»Meine Frau schraubt auch, wenn sie auf Reisen geht, die Sicherungen heraus, um Kurzschlüsse und sonstige elektrische Unfälle zu vermeiden«, sage ich. »Gewöhnlich legt sie sie auf den Zähler.«

Aber auf dem Zähler liegen keine Sicherungen, nirgends sind Sicherungen zu entdecken.

Wir finden eine Kerze und geben uns für den Augenblick damit zufrieden. Aber Giorgio sieht sich verblüfft um. Das Wohnzimmer ist völlig verändert. Die Teppiche sind fort. In einer Ecke stehen sie zusammengerollt. Die Sessel, einer neben dem anderen aufgestellt, sind mit weißem Tuch zugedeckt. Die Möbel sind von der Wand abgerückt, die hermetisch geschlossenen Fenster sind ohne Gardinen.

Giorgio ist weniger gesprächig als zuvor, und seine Freude ist recht gedämpft.

»Das Wohnzimmer ist außer Gebrauch«, sagt Giorgio, »wir können ja ins Eßzimmer gehen.«

Wir gehen ins Eßzimmer, aber Giorgio bleibt auf

der Schwelle stehen und betrachtet es beim Kerzenschein. Der Tisch ist zum hermetisch geschlossenen Fenster getragen worden, und auf dem Tisch strekken die Stühle die Beine in die Luft. Von der Decke hängt der in Zeitungspapier gewickelte Kristallüster herab.

Ich klopfe Giorgio freundschaftlich auf die Schulter. Ich verstehe seine Gemütsverfassung. Er hoffte, endlich ein Haus ganz für sich zu haben, und findet eine unbewohnbare Wohnung vor.

»Es bleibt dir nur noch das Schlafzimmer«, sage ich.

Giorgio seufzt und wendet sich zum Schlafzimmer, aber als er an den Matratzen vorbeikommt, starrt er sie entsetzt an und stürzt davon.

Ich folge ihm – das Ehebett ist fort. Die Sprungrahmen lehnen gegen das hermetisch geschlossene Fenster, und die Bettgestelle stehen hintereinander vor den Sprungrahmen. Der Parkettboden ist mit alten Zeitungen belegt.

Giorgio sagt kein Wort.

Er hat nun wieder seine frühere »Schmollfischmiene« und geht durch den Flur.

Im Kinderzimmer ist ein Bett auseinandergenommen, und der Sprungrahmen lehnt hochgestellt gegen das geschlossene Fenster. Das andere dagegen ist benutzbar.

»Es ist ziemlich kurz«, sage ich, »aber jetzt im Sommer kannst du die Füße rausstrecken. Es ist ja warm.«

»Vielleicht ist es besser, wenn wir den Kognak im Café trinken«, sagt Giorgio. »Nicht einmal Kaffee können wir machen. Die Tassen sind zusammen mit den Getränken im Büfett eingeschlossen.«

Auf dem Kopfkissen liegt ein bleistiftgeschriebener Zettel.

Von Giorgios Frau.

»Denk daran, den Blumen Wasser zu geben!«

»Die Blumen«, sagt Giorgio und sieht sich trotzig um, »stehen auf dem Schlafzimmerbalkon.«

Wir gehen ins Schlafzimmer, entfernen die Sprungrahmen und Bettgestelle, und endlich gelingt es uns, das Fenster zu öffnen. Wir tragen alle Blumentöpfe herein und schließen wieder das Fenster.

»Jetzt habe ich eine Idee«, sagt Giorgio, und ein seltsames Lächeln spielt um seinen Mund.

Er stellt einen Blumentopf ins Spülbecken der Küche, einen anderen ins Waschbecken des Badezimmers, deren zwei in die Badewanne. Dann dreht er sämtliche Wasserhähne ganz auf. Als das geschehen ist, nimmt er seinen Hut und geht zur Tür.

Da erblickt er noch einen Blumentopf in der Ecke.

»Einen Augenblick«, sagt er, stellt den Blumentopf ins Klosett, und zwar mit den Blumen nach unten, zieht daraufhin an der Kette. Und damit sie gespannt bleibt und das Wasser weiterfließt, befestigt er sie an einem Nagel in der Wand.

»So, jetzt gehen wir«, sagt er. »Jetzt trinken wir unseren Kognak.«

»Und läßt du alle Wasserhähne auf?«

Giorgio zuckt die Achseln. »So kriegen die Blumen Wasser«, sagt er. »Ich ziehe ins Hotel und gehe erst wieder nach Hause, wenn die Ferien zu Ende sind.«

Ein aufregendes Spiel

Ich betrete das Stadion. Es gleicht einem Becken voller Menschen. Einem riesigen Becken, das im nächsten Augenblick überzulaufen droht.

Ich versuche, mir etwas Platz zu schaffen und mich auf den Stufen breitzumachen, aber zehn oder zwölf Leute ereifern sich.

»Wo wollen Sie eigentlich hin?« fragt einer.

»Da hinauf«, sage ich und deute in die Höhe. »Vielleicht ist da oben noch Platz.«

Ich drehe mich um, aber inzwischen ist der Weg versperrt.

»Wohin gehen Sie?« fragt einer, der erst hinter mir stand, jetzt aber vor mir steht.

»Zurück«, sage ich, »dort läßt man mich nicht durch.«

»Faule Ausreden: Sie wollen mir nur den Platz wegnehmen.«

»Ich will keinem Menschen den Platz wegnehmen«, sage ich, »sondern nur vorbeigehen.«

»Gehen Sie woanders vorbei«, sagt er, »ich rühre mich nicht von der Stelle.«

Ich versuche woanders vorbeizugehen und streife mit der Fußspitze den Rücken eines sitzenden Herrn, der sofort aufspringt und sagt, daß ich zur »Eintracht« halte. Ich sage, es sei nicht wahr, daß ich zur »Eintracht« halte. Ich wolle nur vorbeigehen.

»Mein Rücken ist kein Fußball!« schreit der Herr.

»Ha!« brüllt einer hinter mir und fuchtelt mit dem rechten Arm. »Wir werden ja sehen, was die ›Fortuna‹ für eine Figur macht!«

»Alles gut und schön«, sage ich, »aber ich möchte einen Platz finden.«

Ein anderer springt auf, um zu sagen, daß kein Grund zu Spötteleien vorhanden sei, »Fortuna« bleibe »Fortuna«! Alle fangen an zu brüllen, und ich wage es, die letzten Stufen hinunterzugehen. Nun befinde ich mich auf der Höhe des Feldes und sehe einen Wald von Köpfen vor mir. Ich zwänge mich in die stehende Menge, während alle schreien und in die Hände klatschen.

Irgend jemand muß das Feld betreten haben.

Ich versuche mich breitzumachen, aber einer hört zu klatschen auf und sagt, es sei unnötig, daß ich drängele, ich hätte eher kommen müssen, wenn ich einen besseren Platz haben wollte.

Ich wage es, einen halben Meter vorzudringen, und stoße mit der Nase auf den Rücken eines übertrieben großen Kerls.

»Hallo«, sagt jemand neben mir. Ein Freund, der

sich auch vergeblich bemüht, einen Platz zu bekommen.

»Der hat es gut«, sagt mein Freund und zeigt auf den übertrieben Großen, »der hat sich eine Coca-Cola-Kiste ergattert, während ich eine mieten wollte, und als ich fünf Mark dafür bot, hat man mir ins Gesicht gelacht.«

»Ich habe zehn dafür bezahlt«, sagt der übertrieben Große.

Wir hören einen Pfiff und wissen daher, daß das Spiel angefangen hat.

»Siehst du etwas?« fragt mich mein Freund.

»Ich sehe eine Menge Köpfe«, sage ich, aber wenn ich den Hals nach rechts recke, gelingt es mir, zwischen dem rechten Ohr und dem linken Ohr zweier Zuschauer einen schmalen Grasstreifen zu erspähen. Natürlich handelt es sich um das Spielfeld. Um einen winzigen Bruchteil des Spielfeldes, aber es kommt mir vor, als ob alle Spieler ausgerechnet diesen schmalen Grasstreifen, den ich sehen kann, meiden. Jedenfalls ist es ratsam, ihn nicht aus den Augen zu lassen. Endlich rennt ein Spieler in schwarz-weiß gestreiftem Fußballhemd über mein kleines Rasenstück, verfolgt von einem schwarz-rot gestreiften Spieler und dann wieder einem schwarz-weißen. Dann nichts mehr.

»Schöne Kombination!« sage ich.

»Du Glücklicher, du siehst etwas«, sagt mein Freund und reckt den Hals erst nach rechts, dann nach links, »ich sehe nichts.«

Mein Freund stellt sich auf die Zehenspitzen, und einer hinter ihm brummt, es sei unfair, daß sich Leute vor ihm auf die Zehenspitzen stellten.

Wir hören die Menge schreien, und der auf der Coca-Cola-Kiste teilt uns mit, daß es eine wunderbare Parade war.

Ich finde mein Rasenstückchen zwischen den Ohren der beiden Zuschauer wieder und habe das Glück zu sehen, wie ein Spieler in schwarz-rot gestreiftem Fußballhemd stehenbleibt, die Hände in den Hüften, und nach links Ausschau hält.

Ich lasse ihn nicht aus den Augen, in der Hoffnung, daß er den Ball bekommt und ihn etwas auf dem winzigen Rasenstück zwischen den Ohren der beiden Zuschauer behält. Aber da wirft er den Blick gen Himmel, macht einen Schritt zurück und verläßt mein Spielfeld.

»Schöne Kombination!« sage ich.

Kurz darauf überquert ein Herr in schwarzer Jacke und kurzen Hosen den schmalen Grasstreifen.

»Der Schiedsrichter ist bestochen!« schreie ich, insistiere jedoch nicht, denn es ist kein Grund vorhanden, auf den Schiedsrichter zu schimpfen.

Endlich sehe ich den Ball, der aus dem Wald der Zuschauerköpfe in den Himmel steigt.

»Endlich sehe ich etwas«, sagt mein Freund und betrachtet den hochfliegenden Ball. Wir verfolgen mit dem Blick seine Bahn und wünschen uns, daß er sich noch ein wenig länger in diesem freien blauen

Raum aufhalten möge. Aber da fällt er schon wieder herunter und verschwindet erneut hinter der Menschenmauer.

»Fabelhaft«, sagt mein Freund.

Wir kommentieren etwas die Kombination, aber bald müssen wir uns in eine Diskussion mit den Nachbarn einlassen, und zwar aufgrund eines mutmaßlichen Fouls, das ein »Eintracht«-Spieler begangen hat.

»Ich habe es nicht gesehen«, sage ich.

»Natürlich nicht«, sagt einer, »wenn ein ›Eintracht‹-Spieler Fouls macht, sieht niemand etwas.«

»Wenn Sie sich die Haare schneiden lassen würden, könnte ich vielleicht etwas sehen«, sage ich. »Aber Sie lassen sich nicht die Haare schneiden, weil Sie zur ›Fortuna‹ halten. Und den ›Fortuna‹-Anhängern verschafft es Genugtuung, sich nicht die Haare schneiden zu lassen, um einem ›Eintracht‹-Anhänger die Sicht zu nehmen.« Und ich entdecke einen anderen schmalen Grasstreifen zwischen zwei Köpfen. Der Grasstreifen ist verlassen und bleibt verlassen, denn alle Spieler halten sich jetzt im entgegengesetzten Teil des Feldes auf.

»Vielleicht schießen sie jetzt ein Tor«, sage ich.

»Nach dem Geschrei der Menge zu urteilen, scheint es mir auch so«, sagt mein Freund. »Wir haben den Höhepunkt der Kombination erreicht. Siehst du etwas?«

»Ja«, sage ich und zeige auf den Ball, der in den Himmel fliegt.

»Fabelhaft«, sagt mein Freund, »das ist eines der interessantesten Spiele, die ich je gesehen habe.«

Der Ball fällt gleich wieder herunter, und über das Rechteck des Feldes, das ich sehen kann, rennt ein schwarz-weißer Spieler, rennt wieder zurück, verfolgt von einem schwarz-roten und einem anderen schwarz-weißen.

Zufrieden stelle ich wieder die Fersen auf den Boden, denn die Waden tun mir weh, und nach dem aufregenden Spielverlauf auf meinem Rasenstück erwarte ich nichts Bedeutendes mehr.

Nach dem Geschrei der Menge zu urteilen, sind vier Tore gefallen, aber am Schluß des Spieles erfahren wir mit Sicherheit, daß nur die »Eintracht« zwei geschossen hat.

Wir verlassen das Stadion und diskutieren das Spiel und die Preise der Eintrittskarten.

Kaum draußen, bietet uns ein Kerl einen numerierten Platz zu fünfzig Pfennig an.

»Diesmal sind die Kartenaufkäufer reingefallen«, sagt mein Freund, »und sie können von Glück sagen, wenn es ihnen gelingt, das Geld für die Rückfahrt mit der Straßenbahn wiederzubekommen.«

Eintagskrawatten

Auch der Tag des heiligen Carlo Borromeo ist vorübergegangen, wie alle anderen Tage des heiligen Carlo Borromeo.

Es ist mein Namenstag. Aber wenn es keine Geschenke gibt, denke ich gar nicht daran. Ich wache morgens auf, wie an allen anderen Tagen. Doch kaum bin ich wach, da merke ich, daß eine andere Atmosphäre im Hause herrscht: nämlich festliche Ausgelassenheit. Und mit der Ausgelassenheit stellen sich Scherz und Schabernack ein – und natürlich die Geschenke. Ich weiß schon, um was für Geschenke es sich handelt.

Um Krawatten.

Im Sommer trage ich nie Krawatten, und im Winter trage ich sie nur, weil ich nicht darum herumkomme. Ich habe zwei für den Winter. Wenn ich die eine ablege, binde ich die andere um. Hätte ich drei, geriete ich in Verlegenheit und wüßte nie, welche ich wählen sollte.

Und doch hat es den Anschein, als ob ich eine Schwäche für Krawatten hätte. Denn am Tag des heiligen Carlo Borromeo schenken mir alle eine Krawatte.

Drei erhalte ich von meiner Frau und meinen beiden Töchtern: von jeder eine. Dazu kommt die Krawatte von meiner Schwester und noch ein paar von anderen Verwandten. Außerdem die eine oder andere von meinen übrigen Bekannten.

An diesem Tag bin ich mit Krawatten reich gesegnet, und so lege ich sie in Reih und Glied aufs Bett und betrachte sie mir.

Alle sind natürlich wunderschön. Doch die schönsten sind diejenigen, welche mir meine Lieben geschenkt haben, und zwar schon morgens. Das heißt, die drei Krawatten meiner Frau und meiner Töchter. Unter diesen dreien wüßte ich wirklich nicht, welche ich wählen sollte.

Das schlimme ist, daß man nicht drei Krawatten auf einmal umbinden kann. Notgedrungen muß man sich für eine entscheiden. Und es ist nicht leicht, es allen recht zu machen.

Also wollen wir nach dem Alter vorgehen: Ich lege zuerst die Krawatte meiner Frau an. Natürlich nicht, weil sie etwa die schönste ist. Wie gesagt, sind sie alle gleich schön. Ich behalte sie drei Stunden an. Darauf binde ich die Krawatte der älteren Tochter um und nach weiteren drei Stunden die der jüngeren.

»Sagen wir, immer nur zwei Stunden«, sagt die jüngere Tochter, »sonst muß ich bis abends warten.«

»Und dann sind auch noch die Krawatten der anderen da«, sage ich. Also zwei Stunden für jede.

Dann gehen wir aus, um einige Besuche zu machen.

»Wenn du zu deiner Schwester gehst und sie sieht, daß du nicht ihre Krawatte anhast, nimmt sie es übel«, sagt meine Frau. Das ist wahr. Ich stecke

die Krawatten meiner Töchter, die meiner Schwester und auch die anderen Krawatten in die Tasche.

Am Tag des heiligen Carlo Borromeo habe ich die Taschen voller Krawatten. Auf den Treppen wechsele ich die Krawatte – jedesmal, wenn ein Besuch vorbei ist.

Ich tue nichts anderes, als Krawatten zu wechseln an jenem Tag, bis zum Abend.

Aber am folgenden Tag mache ich Ferien. Ich bleibe ohne Krawatte, um mich ein wenig zu erholen.

Und mit der Zeit verlieren die Krawatten an Bedeutung. Ich kann die erste beste umbinden, die mir unter die Finger kommt, ohne daß sich jemand beleidigt fühlt.

Bitte beachten Sie
die folgenden Seiten

Carlo Manzoni

Haust du mich – hau ich dich
Ullstein Buch 22310

Der Finger im Revolverlauf
Ullstein Buch 22701

Ein Schlag auf den Schädel, und du bist eine Schönheit
Ullstein Buch 22706

Der tiefgekühlte Mittelstürmer
Ullstein Buch 22777

Blut ist kein Nagellack
Ullstein Buch 22848

Der Hund trug keine Socken
Ullstein Buch 22904

Kein Whisky unter Wasser
Ullstein Buch 23006

Jetzt regnet's Ohrfeigen
Ullstein Buch 23050

Das MG im Dekolleté
Ullstein Buch 23184

Ullstein

Ephraim Kishon

Der seekranke Walfisch
Ullstein Buch 3428

Der quergestreifte Kaugummi
Ullstein Buch 20013

Es war die Lerche
Ullstein Buch 20033

Mein Freund Jossele
Ullstein Buch 20053

Kishon für Kenner
Ullstein Buch 20065

Wenn das Auto Schnupfen hat
Ullstein Buch 20137

Schokolade auf Reisen
Ullstein Buch 20158

Kishons beste Reisegeschichten
Ullstein Buch 20333

Kishons beste Tiergeschichten
Ullstein Buch 20527

Kein Öl, Moses?
Ullstein Buch 20569

Pardon, wir haben gewonnen
Ullstein Buch 20693

Abraham kann nichts dafür
Ullstein Buch 20723

Beinahe die Wahrheit
Ullstein Buch 20766

Picasso war kein Scharlatan
Ullstein Buch 20898

Im neuen Jahr wird alles anders
Ullstein Buch 20981

Kein Applaus für Podmanitzki
Ullstein Buch 20982

Kishon für Manager
Ullstein Buch 22276

Hausapotheke für Gesunde
Ullstein Buch 22350

Drehn Sie sich um, Frau Lot!
Ullstein Buch 22427

Total verkabelt
Ullstein Buch 22439

Kishons beste Autofahrergeschichten
Ullstein Buch 22451

... und die beste Ehefrau von allen
Ullstein Buch 22601

Das große Kishon-Karussell
Ullstein Buch 22752

Undank ist der Welten Lohn
Ullstein Buch 22810

Wie unfair, David!
Ullstein Buch 22837

Arche Noah, Touristenklasse
Ullstein Buch 22968

Das Kamel im Nadelöhr
Ullstein Buch 22996

Der Fuchs im Hühnerstall
Ullstein Buch 23158

Auch die Waschmaschine ist nur ein Mensch / Kishons beste Autofahrergeschichten
Ullstein Buch 23271

Kishons beste Familiengeschichten
Ullstein Buch 23422

Der Hund, der Knöpfe fraß
Ullstein Buch 40012

In Sachen Kain und Abel
Ullstein Buch 40124

Paradies neu zu vermieten
Ullstein Buch 40150